Nietzsche | Über Wahrheit und Lüge
im außermoralischen Sinne

Great Papers Philosophie

Friedrich Nietzsche

Über Wahrheit und Lüge im außermoralischen Sinne

Herausgegeben, kommentiert und
mit einem Nachwort versehen von Kai Sina

Reclam

RECLAMS UNIVERSAL-BIBLIOTHEK Nr. 14566
2015, 2024 Philipp Reclam jun. Verlag GmbH,
Siemensstraße 32, 71254 Ditzingen
Durchgesehene und aktualisierte Ausgabe 2024
Gestaltung: Cornelia Feyll, Friedrich Forssman
Druck und Bindung: Esser printSolutions GmbH,
Untere Sonnenstraße 5, 84030 Ergolding
Printed in Germany 2024
RECLAM, UNIVERSAL-BIBLIOTHEK und
RECLAMS UNIVERSAL-BIBLIOTHEK sind eingetragene Marken
der Philipp Reclam jun. GmbH & Co. KG, Stuttgart
ISBN 978-3-15-014566-1

www.reclam.de

Inhalt

Über Wahrheit und Lüge im außermoralischen Sinne 7

Anhang

Zusätzliche Quellen 31
a) Über das Pathos der Wahrheit 31
b) Darstellung der antiken Rhetorik
§ 3. Verhältniss des Rhetorischen zur Sprache 38
c) Wie die »wahre Welt« endlich zur Fabel wurde 42
d) Nachgelassenes Fragment (Sommer – Herbst 1884) 43

Zu dieser Ausgabe 45
Anmerkungen 46
Literaturhinweise 65
Nachwort 71

Über Wahrheit und Lüge im außermoralischen Sinne

1.

In irgend einem abgelegenen Winkel des in zahllosen Sonnensystemen flimmernd ausgegossenen Weltalls gab es einmal ein Gestirn, auf dem kluge Thiere das Erkennen erfanden. Es war die hochmüthigste und verlogenste Minute der »Weltgeschichte«: aber doch nur eine Minute. Nach wenigen Athemzügen der Natur erstarrte das Gestirn, und die klugen Thiere mussten sterben. – So könnte Jemand eine Fabel erfinden und würde doch nicht genügend illustrirt haben, wie kläglich, wie schattenhaft und flüchtig, wie zwecklos und beliebig sich der menschliche Intellekt innerhalb der Natur ausnimmt; es gab Ewigkeiten, in denen er nicht war; wenn es wieder mit ihm vorbei ist, wird sich nichts begeben haben. Denn es giebt für jenen Intellekt keine weitere Mission, die über das Menschenleben hinausführte. Sondern menschlich ist er, und nur sein Besitzer und Erzeuger nimmt ihn so pathetisch, als ob die Angeln der Welt sich in ihm drehten. Könnten wir uns aber mit der Mücke verständigen, so würden wir vernehmen, dass auch sie mit diesem Pathos durch die Luft schwimmt und in sich das fliegende Centrum dieser Welt fühlt. Es ist nichts so verwerflich und gering in der Natur, was nicht durch einen kleinen Anhauch jener Kraft des Erkennens sofort wie ein Schlauch aufgeschwellt würde; und wie jeder Lastträger seinen Bewunderer haben will, so meint gar der stolzeste Mensch, der Philosoph, von allen Seiten die Augen des Weltalls teleskopisch auf sein Handeln und Denken gerichtet zu sehen.

Es ist merkwürdig, dass dies der Intellekt zu Stande bringt, er, der doch gerade nur als Hülfsmittel den unglücklichsten delikatesten vergänglichsten Wesen beigegeben ist, um sie eine Minute im Dasein festzuhalten; aus dem sie sonst, ohne jene Beigabe, so schnell wie Lessings Sohn zu flüchten allen Grund hätten. Jener mit dem Erkennen und Empfinden verbundene Hochmuth, verblendende Nebel über die Augen und Sinne der Menschen legend, täuscht sie also über den Werth des Daseins, dadurch dass er über das Erkennen selbst die schmeichelhafteste Werthschätzung in sich trägt. Seine allgemeinste Wirkung ist Täuschung – aber auch die einzelsten Wirkungen tragen etwas von gleichem Charakter an sich.

Der Intellekt, als ein Mittel zur Erhaltung des Individuums, entfaltet seine Hauptkräfte in der Verstellung; denn diese ist das Mittel, durch das die schwächeren, weniger robusten Individuen sich erhalten, als welchen einen Kampf um die Existenz mit Hörnern oder scharfem Raubthier-Gebiss zu führen versagt ist. Im Menschen kommt diese Verstellungskunst auf ihren Gipfel: hier ist die Täuschung, das Schmeicheln, Lügen und Trügen, das Hinter-dem-Rücken-Reden, das Repräsentiren, das im erborgten Glanze Leben, das Maskirtsein, die verhüllende Convention, das Bühnenspiel vor Anderen und vor sich selbst, kurz das fortwährende Herumflattern um die eine Flamme Eitelkeit so sehr die Regel und das Gesetz, dass fast nichts unbegreiflicher ist, als wie unter den Menschen ein ehrlicher und reiner Trieb zur Wahrheit aufkommen konnte. Sie sind tief eingetaucht in Illusionen und Traumbilder, ihr Auge gleitet nur auf der Oberfläche der Dinge herum und sieht »Formen«, ihre Empfindung führt nirgends in die Wahrheit, sondern begnügt sich Reize zu empfangen und gleichsam ein tastendes Spiel auf dem Rücken der Dinge zu spielen.

Dazu lässt sich der Mensch Nachts, ein Leben hindurch, im Traume belügen, ohne dass sein moralisches Gefühl dies je zu verhindern suchte: während es Menschen geben soll, die durch starken Willen das Schnarchen beseitigt haben. Was weiss der Mensch eigentlich von sich selbst! Ja, vermöchte er auch nur sich einmal vollständig, hingelegt wie in einen erleuchteten Glaskasten, zu percipiren? Verschweigt die Natur ihm nicht das Allermeiste, selbst über seinen Körper, um ihn, abseits von den Windungen der Gedärme, dem raschen Fluss der Blutströme, den verwickelten Fasererzitterungen, in ein stolzes gauklerisches Bewusstsein zu bannen und einzuschliessen! Sie warf den Schlüssel weg: und wehe der verhängnissvollen Neubegier, die durch eine Spalte einmal aus dem Bewusstseinszimmer heraus und hinab zu sehen vermöchte und die jetzt ahnte, dass auf dem Erbarmungslosen, dem Gierigen, dem Unersättlichen, dem Mörderischen der Mensch ruht, in der Gleichgültigkeit seines Nichtwissens, und gleichsam auf dem Rücken eines Tigers in Träumen hängend. Woher, in aller Welt, bei dieser Constellation der Trieb zur Wahrheit!

Soweit das Individuum sich gegenüber andern Individuen erhalten will, benutzte es in einem natürlichen Zustande der Dinge den Intellekt zumeist nur zur Verstellung: weil aber der Mensch zugleich aus Noth und Langeweile gesellschaftlich und heerdenweise existiren will, braucht er einen Friedensschluss und trachtet darnach dass wenigstens das allergröbste bellum omnium contra omnes aus seiner Welt verschwinde. Dieser Friedensschluss bringt aber etwas mit sich, was wie der erste Schritt zur Erlangung jenes räthselhaften Wahrheitstriebes aussieht. Jetzt wird nämlich das fixirt, was von nun an »Wahrheit« sein soll d. h.

es wird eine gleichmässig gültige und verbindliche Bezeichnung der Dinge erfunden und die Gesetzgebung der Sprache giebt auch die ersten Gesetze der Wahrheit: denn es entsteht hier zum ersten Male der Contrast von Wahrheit und Lüge: der Lügner gebraucht die gültigen Bezeichnungen, die Worte, um das Unwirkliche als wirklich erscheinen zu machen; er sagt z. B. ich bin reich, während für diesen Zustand gerade »arm« die richtige Bezeichnung wäre. Er missbraucht die festen Conventionen durch beliebige Vertauschungen oder gar Umkehrungen der Namen. Wenn er dies in eigennütziger und übrigens Schaden bringender Weise thut, so wird ihm die Gesellschaft nicht mehr trauen und ihn dadurch von sich ausschliessen. Die Menschen fliehen dabei das Betrogenwerden nicht so sehr, als das Beschädigtwerden durch Betrug. Sie hassen auch auf dieser Stufe im Grunde nicht die Täuschung, sondern die schlimmen, feindseligen Folgen gewisser Gattungen von Täuschungen. In einem ähnlichen beschränkten Sinne will der Mensch auch nur die Wahrheit. Er begehrt die angenehmen, Leben erhaltenden Folgen der Wahrheit; gegen die reine folgenlose Erkenntniss ist er gleichgültig, gegen die vielleicht schädlichen und zerstörenden Wahrheiten sogar feindlich gestimmt. Und überdies: wie steht es mit jenen Conventionen der Sprache? Sind sie vielleicht Erzeugnisse der Erkenntniss, des Wahrheitssinnes: decken sich die Bezeichnungen und die Dinge? Ist die Sprache der adäquate Ausdruck aller Realitäten?

Nur durch Vergesslichkeit kann der Mensch je dazu kommen zu wähnen: er besitze eine Wahrheit in dem eben bezeichneten Grade. Wenn er sich nicht mit der Wahrheit in der Form der Tautologie d. h. mit leeren Hülsen begnügen will, so wird er ewig Illusionen für Wahrheiten einhandeln. Was ist ein Wort? Die Abbildung eines Nervenreizes in Lauten. Von dem Nervenreiz aber weiterzuschliessen auf eine Ursache ausser uns, ist bereits das Resultat einer falschen und unberechtigten Anwendung des Satzes vom Grunde. Wie dürften wir, wenn die Wahrheit bei der Genesis der Sprache, der Gesichtspunkt der Gewissheit bei den Bezeichnungen allein entscheidend gewesen wäre, wie dürften wir doch sagen: der Stein ist hart: als ob uns »hart« noch sonst bekannt wäre und nicht nur als eine ganz subjektive Reizung! Wir theilen die Dinge nach Geschlechtern ein, wir bezeichnen den Baum als männlich, die Pflanze als weiblich: welche willkürlichen Übertragungen! Wie weit hinausgeflogen über den Canon der Gewissheit! Wir reden von einer Schlange: die Bezeichnung trifft nichts als das Sichwinden, könnte also auch dem Wurme zukommen. Welche willkürlichen Abgrenzungen, welche einseitigen Bevorzugungen bald der bald jener Eigenschaft eines Dinges! Die verschiedenen Sprachen neben einander gestellt zeigen, dass es bei den Worten nie auf die Wahrheit, nie auf einen adäquaten Ausdruck ankommt: denn sonst gäbe es nicht so viele Sprachen. Das »Ding an sich« (das würde eben die reine folgenlose Wahrheit sein) ist auch dem Sprachbildner ganz unfasslich und ganz und gar nicht erstrebenswerth. Er bezeichnet nur die Relationen der Dinge zu den Menschen und nimmt zu deren Ausdrucke die kühnsten Metaphern zu Hülfe. Ein Nervenreiz zuerst übertragen in ein Bild! erste Metapher. Das Bild wieder nachgeformt in einem Laut! Zweite Metapher. Und jedesmal vollständiges Überspringen der Sphäre, mitten hinein in eine ganz andere und neue. Man kann sich einen

Menschen denken, der ganz taub ist und nie eine Empfindung des Tones und der Musik gehabt hat: wie dieser etwa die Chladnischen Klangfiguren im Sande anstaunt, ihre Ursachen im Erzittern der Saite findet und nun darauf schwören wird, jetzt müsse er wissen, was die Menschen den Ton nennen, so geht es uns allen mit der Sprache. Wir glauben etwas von den Dingen selbst zu wissen, wenn wir von Bäumen, Farben, Schnee und Blumen reden und besitzen doch nichts als Metaphern der Dinge, die den ursprünglichen Wesenheiten ganz und gar nicht entsprechen. Wie der Ton als Sandfigur, so nimmt sich das räthselhafte X des Dings an sich einmal als Nervenreiz, dann als Bild, endlich als Laut aus. Logisch geht es also jedenfalls nicht bei der Entstehung der Sprache zu, und das ganze Material worin und womit später der Mensch der Wahrheit, der Forscher, der Philosoph arbeitet und baut, stammt, wenn nicht aus Wolkenkukuksheim, so doch jedenfalls nicht aus dem Wesen der Dinge.

Denken wir besonders noch an die Bildung der Begriffe: jedes Wort wird sofort dadurch Begriff, dass es eben nicht für das einmalige ganz und gar individualisirte Urerlebniss, dem es sein Entstehen verdankt, etwa als Erinnerung dienen soll, sondern zugleich für zahllose, mehr oder weniger ähnliche, d. h. streng genommen niemals gleiche, also auf lauter ungleiche Fälle passen muss. Jeder Begriff entsteht durch Gleichsetzen des Nicht-Gleichen. So gewiss nie ein Blatt einem anderen ganz gleich ist, so gewiss ist der Begriff Blatt durch beliebiges Fallenlassen dieser individuellen Verschiedenheiten, durch ein Vergessen des Unterscheidenden gebildet und erweckt nun die Vorstellung, als ob es in der Natur ausser den Blättern etwas gäbe, das »Blatt« wäre, etwa eine Urform, nach der alle Blätter gewebt, gezeichnet, abgezirkelt, gefärbt, gekräuselt, bemalt wären, aber von ungeschickten Händen, so dass kein Exemplar correkt und zuverlässig als treues Abbild der Urform ausgefallen wäre. Wir nennen einen Menschen ehrlich; warum hat er heute so ehrlich gehandelt? fragen wir. Unsere Antwort pflegt zu lauten: seiner Ehrlichkeit wegen. Die Ehrlichkeit! das heisst wieder: das Blatt ist die Ursache der Blätter. Wir wissen ja gar nichts von einer wesenhaften Qualität, die die Ehrlichkeit hiesse, wohl aber von zahlreichen individualisirten, somit ungleichen Handlungen, die wir durch Weglassen des Ungleichen gleichsetzen und jetzt als ehrliche Handlungen bezeichnen; zuletzt formuliren wir aus ihnen eine qualitas occulta mit dem Namen: die Ehrlichkeit.

Das Übersehen des Individuellen und Wirklichen giebt uns den Begriff, wie es uns auch die Form giebt, wohingegen die Natur keine Formen und Begriffe, also auch keine Gattungen kennt, sondern nur ein für uns unzugängliches und undefinirbares X. Denn auch unser Gegensatz von Individuum und Gattung ist anthropomorphisch und entstammt nicht dem Wesen der Dinge, wenn wir auch nicht zu sagen wagen, dass er ihm nicht entspricht: das wäre nämlich eine dogmatische Behauptung und als solche ebenso unerweislich wie ihr Gegentheil.

Was ist also Wahrheit? Ein bewegliches Heer von Metaphern, Metonymien, Anthropomorphismen kurz eine Summe von menschlichen Relationen, die, poetisch und rhetorisch gesteigert, übertragen, geschmückt wurden, und die nach langem Gebrauche einem Volke fest, canonisch und verbindlich dünken: die Wahrheiten sind Illusionen, von denen man vergessen hat, dass sie welche sind, Metaphern, die abgenutzt und sinnlich kraftlos geworden sind, Münzen, die ihr Bild verloren haben und nun als Metall, nicht mehr als Münzen in Betracht kommen. Wir wissen immer noch nicht, woher der Trieb zur Wahrheit stammt: denn bis jetzt haben wir nur von der Verpflichtung gehört, die die Gesellschaft, um zu existiren, stellt, wahrhaft zu sein, d.h. die usuellen Metaphern zu brauchen, also moralisch ausgedrückt: von der Verpflichtung nach einer festen Convention zu lügen, schaarenweise in einem für alle verbindlichen Stile zu lügen. Nun vergisst freilich der Mensch, dass es so mit ihm steht; er lügt also in der bezeichneten Weise unbewusst und nach hundertjährigen Gewöhnungen – und kommt eben *durch diese Unbewusstheit*, eben durch dies Vergessen zum Gefühl der Wahrheit. An dem Gefühl verpflichtet zu sein, ein Ding als roth, ein anderes als kalt, ein drittes als stumm zu bezeichnen, erwacht eine moralische auf Wahrheit sich beziehende Regung: aus dem Gegensatz des Lügners, dem Niemand traut, den alle ausschliessen, demonstrirt sich der Mensch das Ehrwürdige, Zutrauliche und Nützliche der Wahrheit. Er stellt jetzt sein Handeln als *vernünftiges* Wesen unter die Herrschaft der Abstractionen: er leidet es nicht mehr, durch die plötzlichen Eindrücke, durch die Anschauungen fortgerissen zu werden, er verallgemeinert alle diese Eindrücke erst zu entfärbteren, kühleren Begriffen, um an sie das Fahrzeug seines Lebens und Handelns anzuknüpfen. Alles, was den Menschen gegen das Thier abhebt, hängt von dieser Fähigkeit ab, die anschaulichen Metaphern zu einem Schema zu verflüchtigen, also ein Bild in einen Begriff aufzulösen; im Bereich jener Schemata nämlich ist etwas möglich, was niemals unter den anschaulichen ersten Eindrücken gelingen möchte: eine pyramidale Ordnung nach Kasten und Graden aufzubauen, eine neue Welt von Gesetzen, Privilegien, Unterordnungen, Gränzbestimmungen zu schaffen, die nun der anderen anschaulichen Welt der ersten Eindrücke gegenübertritt, als das Festere, Allgemeinere, Bekanntere, Menschlichere und daher als das Regulirende und Imperativische. Während jede Anschauungsmetapher individuell und ohne ihres Gleichen ist und deshalb allem Rubriciren immer zu entfliehen weiss, zeigt der grosse Bau der Begriffe die starre Regelmässigkeit eines römischen Columbariums und athmet in der Logik jene Strenge und Kühle aus, die der Mathematik zu eigen ist. Wer von dieser Kühle angehaucht wird, wird es kaum glauben, dass auch der Begriff, knöchern und 8eckig wie ein Würfel und versetzbar wie jener, doch nur als das *Residuum einer Metapher* übrig bleibt, und dass die Illusion der künstlerischen Übertragung eines Nervenreizes in Bilder, wenn nicht die Mutter so doch die Grossmutter eines jeden Begriffs ist. Innerhalb dieses Würfelspiels der Begriffe heisst aber »Wahrheit« – jeden Würfel so zu gebrauchen, wie er bezeichnet ist; genau seine Augen zu zählen, richtige Rubriken zu bilden und nie gegen die Kastenordnung und gegen die Reihenfolge der Rangklassen zu verstossen. Wie die Römer und Etrusker sich den Himmel durch starre mathematische Linien zerschnitten und in einen solchermaassen abgegrenzten Raum als in ein templum einen Gott bannten, so hat jedes Volk über sich einen solchen mathematisch zertheilten Begriffshimmel und versteht nun unter der Forderung der Wahrheit, dass jeder Begriffsgott nur in *seiner* Sphäre gesucht werde. Man darf hier den Menschen wohl bewundern als ein gewaltiges Baugenie, dem auf beweglichen Fundamenten und gleichsam auf fliessendem Wasser das Aufthürmen eines unendlich complicirten Begriffsdomes gelingt; freilich, um auf solchen Fundamenten Halt zu finden, muss es ein Bau, wie aus Spinnefäden sein, so zart, um von der Welle mit fortgetragen, so fest, um nicht von dem Winde auseinander geblasen zu werden. Als Baugenie erhebt sich solcher Maassen der Mensch weit über die Biene: diese baut aus Wachs, das sie aus der Natur zusammenholt, er aus dem weit zarteren Stoffe der Begriffe, die er erst aus sich fabriciren muss. Er ist hier sehr zu bewundern – aber nur nicht wegen seines Triebes zur Wahrheit, zum reinen Erkennen der Dinge. Wenn Jemand ein Ding hinter einem Busche versteckt, es eben dort wieder sucht und auch findet, so ist an diesem Suchen und Finden nicht viel zu rühmen: so aber steht es mit dem Suchen und Finden der »Wahrheit« innerhalb des Vernunft-Bezirkes. Wenn ich die Definition des Säugethiers mache und dann erkläre, nach Besichtigung eines Kameels: Siehe, ein Säugethier, so wird damit eine Wahrheit zwar an das Licht gebracht, aber sie ist von begränztem Werthe, ich meine, sie ist durch und durch anthropomorphisch und enthält keinen einzigen Punct, der »wahr an sich«, wirklich und allgemeingültig, abgesehen von dem Menschen, wäre. Der Forscher nach solchen Wahrheiten sucht im Grunde nur die Metamorphose der Welt in den Menschen; er ringt nach einem Verstehen der Welt als eines menschenartigen Dinges und erkämpft sich besten Falls das Gefühl einer Assimilation. Ähnlich wie der Astrolog die Sterne im Dienste der Menschen und im Zusammenhange mit ihrem Glück und Leide betrachtet, so betrachtet ein solcher Forscher die ganze Welt als geknüpft an den Menschen, als den unendlich gebrochenen Wiederklang eines Urklanges, des Menschen, als das vervielfältigte Abbild des einen Urbildes, des Menschen. Sein Verfahren ist: den Menschen als Maass an alle Dinge zu halten, wobei er aber von dem Irrthume ausgeht, zu glauben, er habe diese Dinge unmittelbar als reine Objekte vor sich. Er vergisst also die originalen Anschauungsmetaphern als Metaphern und nimmt sie als die Dinge selbst.

Nur durch das Vergessen jener primitiven Metapherwelt, nur durch das Hart- und Starr-Werden einer ursprünglich in hitziger Flüssigkeit aus dem Urvermögen menschlicher Phantasie hervorströmenden Bildermasse, nur durch den unbesiegbaren Glauben, *diese* Sonne, *dieses* Fenster, dieser Tisch sei eine Wahrheit an sich, kurz nur dadurch, dass der Mensch sich als Subjekt und zwar als *künstlerisch schaffendes* Subjekt vergisst, lebt er mit einiger Ruhe, Sicherheit und Consequenz; wenn er einen Augenblick nur aus den Gefängnisswänden dieses Glaubens heraus könnte, so wäre es sofort mit seinem »Selbstbewusstsein« vorbei. Schon dies kostet ihm Mühe, sich einzugestehen, wie das Insekt oder der Vogel eine ganz andere Welt percipiren als der Mensch, und dass die Frage, welche von beiden Weltperceptionen richtiger ist, eine ganz sinnlose ist, da hierzu bereits mit dem Maassstabe der *richtigen Perception* d. h. mit einem *nicht vorhandenen* Maassstabe gemessen werden müsste. Überhaupt aber scheint mir die richtige Perception – das würde heissen der adäquate Ausdruck eines Objekts im Subjekt – ein widerspruchsvolles Unding: denn zwischen zwei absolut verschiedenen Sphären wie zwischen Subjekt und Objekt giebt es keine Causalität, keine Richtigkeit, keinen Ausdruck, sondern höchstens ein ästhetisches Verhalten, ich meine eine andeutende Übertragung, eine nachstammelnde Übersetzung in eine ganz fremde Sprache. Wozu es aber jedenfalls einer frei dichtenden und frei erfindenden Mittel-Sphäre und Mittelkraft bedarf. Das Wort Erscheinung enthält viele Verführungen, weshalb ich es möglichst vermeide: denn es ist nicht wahr, dass das Wesen der Dinge in der empirischen Welt erscheint. Ein Maler, dem die Hände fehlen und der durch Gesang das ihm vorschwebende Bild ausdrücken wollte, wird immer noch mehr bei dieser Vertauschung der Sphären verrathen, als die empirische Welt vom Wesen der Dinge verräth. Selbst das Verhältniss eines Nervenreizes zu dem hervorgebrachten Bilde ist an sich kein nothwendiges; wenn aber eben dasselbe Bild Millionen Mal hervorgebracht und durch viele Menschengeschlechter hindurch vererbt ist, ja zuletzt bei der gesammten Menschheit jedesmal in Folge desselben Anlasses erscheint, so bekommt es endlich für den Menschen dieselbe Bedeutung, als ob es das einzig nothwendige Bild sei und als ob jenes Verhältniss des ursprünglichen Nervenreizes zu dem hergebrachten Bilde ein strenges Causalitätsverhältniss sei; wie ein Traum, ewig wiederholt, durchaus als Wirklichkeit empfunden und beurtheilt werden würde. Aber das Hart- und Starr-Werden einer Metapher verbürgt durchaus nichts für die Nothwendigkeit und ausschliessliche Berechtigung dieser Metapher.

Es hat gewiss jeder Mensch, der in solchen Betrachtungen heimisch ist, gegen jeden derartigen Idealismus ein tiefes Misstrauen empfunden, so oft er sich einmal recht deutlich von der ewigen Consequenz, Allgegenwärtigkeit und Unfehlbarkeit der Naturgesetze überzeugte; er hat den Schluss gemacht: hier ist alles, soweit wir dringen, nach der Höhe der teleskopischen und nach der Tiefe der mikroskopischen Welt, so sicher, ausgebaut, endlos, gesetzmässig und ohne Lücken; die Wissenschaft wird ewig in diesen Schachten mit Erfolg zu graben haben und alles Gefundene wird zusammenstimmen und sich nicht widersprechen. Wie wenig gleicht dies einem Phantasieerzeugniss: denn wenn es dies wäre, müsste es doch irgendwo den Schein und die Unrealität errathen lassen. Dagegen ist einmal zu sagen: hätten wir noch, jeder für sich eine verschiedenartige Sinnesempfindung, könnten wir selbst nur bald als Vogel, bald als Wurm, bald als Pflanze percipiren, oder sähe der eine von uns denselben Reiz als roth, der andere als blau, hörte ein Dritter ihn sogar als Ton, so würde niemand von einer solchen Gesetzmässigkeit der Natur reden, sondern sie nur als ein höchst subjectives Gebilde begreifen. Sodann: was ist für uns überhaupt ein Naturgesetz; es ist uns nicht an sich bekannt, sondern nur in seinen Wirkungen d. h. in seinen Relationen zu anderen Naturgesetzen, die uns wieder nur als Relationen bekannt sind. Also verweisen alle diese Relationen immer nur wieder auf einander und sind uns ihrem Wesen nach unverständlich durch und durch; nur das, was wir hinzubringen, die Zeit, der Raum, also Successionsverhältnisse und Zahlen sind uns wirklich daran bekannt. Alles Wunderbare aber, das wir gerade an den Naturgesetzen anstaunen, das unsere Erklärung fordert und uns zum Misstrauen gegen den Idealismus verführen könnte, liegt gerade und ganz allein nur in der mathematischen Strenge und Unverbrüchlichkeit der

Zeit- und Raum-Vorstellungen. Diese aber produciren wir in uns und aus uns mit jener Nothwendigkeit, mit der die Spinne spinnt; wenn wir gezwungen sind, alle Dinge nur unter diesen Formen zu begreifen, so ist es dann nicht mehr wunderbar, dass wir an allen Dingen eigentlich nur eben diese Formen begreifen: denn sie alle müssen die Gesetze der Zahl an sich tragen, und die Zahl gerade ist das Erstaunlichste in den Dingen. Alle Gesetzmässigkeit, die uns im Sternenlauf und im chemischen Process so imponirt, fällt im Grund mit jenen Eigenschaften zusammen, die wir selbst an die Dinge heranbringen, so dass wir damit uns selber imponiren. Dabei ergiebt sich allerdings, dass jene künstlerische Metapherbildung, mit der in uns jede Empfindung beginnt, bereits jene Formen voraussetzt, also in ihnen vollzogen wird; nur aus dem festen Verharren dieser Urformen erklärt sich die Möglichkeit, wie nachher wieder aus den Metaphern selbst ein Bau der Begriffe constituirt werden sollte. Dieser ist nämlich eine Nachahmung der Zeit- Raum- und Zahlenverhältnisse auf dem Boden der Metaphern.

2.

An dem Bau der Begriffe arbeitet ursprünglich, wie wir sahen, die Sprache, in späteren Zeiten die Wissenschaft. Wie die Biene zugleich an den Zellen baut und die Zellen mit Honig füllt, so arbeitet die Wissenschaft unaufhaltsam an jenem grossen Columbarium der Begriffe, der Begräbnissstätte der Anschauung, baut immer neue und höhere Stockwerke, stützt, reinigt, erneut die alten Zellen, und ist vor allem bemüht, jenes in's Ungeheure aufgethürmte Fachwerk zu füllen und die ganze empirische Welt d. h. die anthropomorphische Welt hineinzuordnen. Wenn schon der handelnde Mensch sein Leben an die Vernunft und ihre Begriffe bindet, um nicht fortgeschwemmt zu werden und sich nicht selbst zu verlieren, so baut der Forscher seine Hütte dicht an den Thurmbau der Wissenschaft, um an ihm mithelfen zu können und selbst Schutz unter dem vorhandenen Bollwerk zu finden. Und Schutz braucht er: denn es giebt furchtbare Mächte, die fortwährend auf ihn eindringen, und die der wissenschaftlichen Wahrheit ganz anders geartete »Wahrheiten« mit den verschiedenartigsten Schildzeichen entgegenhalten.

Jener Trieb zur Metapherbildung, jener Fundamentaltrieb des Menschen, den man keinen Augenblick wegrechnen kann, weil man damit den Menschen selbst wegrechnen würde, ist dadurch, dass aus seinen verflüchtigten Erzeugnissen, den Begriffen, eine reguläre und starre neue Welt als eine Zwingburg für ihn gebaut wird, in Wahrheit nicht bezwungen und kaum gebändigt. Er sucht sich ein neues Bereich seines Wirkens und ein anderes Flussbette und findet es im Mythus und überhaupt in der Kunst. Fortwährend verwirrrt er die Rubriken und Zellen der Begriffe dadurch dass er neue Übertragungen, Metaphern, Metonymien hinstellt, fortwährend zeigt er die Begierde, die vorhandene Welt des wachen Menschen so bunt unregelmässig folgenlos unzusammenhängend, reizvoll und ewig neu zu gestalten, wie es die Welt des Traumes ist. An sich ist ja der wache Mensch nur durch das starre und regelmässige Begriffsgespinnst darüber im Klaren, dass er wache, und kommt eben deshalb mitunter in den Glauben, er träume, wenn jenes Begriffsgespinst einmal durch die Kunst zerrissen wird. Pascal hat Recht, wenn er behauptet, dass wir, wenn uns jede Nacht derselbe Traum käme, davon eben so beschäftigt würden, als von den Dingen, die wir jeden Tag sehen: »Wenn ein Handwerker gewiss wäre jede Nacht zu träumen volle zwölf Stunden hindurch, dass er König sei, so glaube ich, sagt Pascal, dass er eben so glücklich wäre, als ein König welcher alle Nächte während zwölf Stunden träumte er sei Handwerker«. Der wache Tag eines mythisch erregten Volkes, etwa der älteren Griechen, ist durch das fortwährend wirkende Wunder, wie es der Mythus annimmt, in der That dem Traume ähnlicher als dem Tag des wissenschaftlich ernüchterten Denkers. Wenn jeder Baum einmal als Nymphe reden oder unter der Hülle eines Stieres ein Gott Jungfrauen wegschleppen kann, wenn die Göttin Athene selbst plötzlich gesehen wird, wie sie mit einem schönen Gespann in der Begleitung des Pisistratus durch die Märkte Athens fährt – und das glaubte der ehrliche Athener – so ist in jedem Augenblicke, wie im Traume, alles möglich, und die ganze Natur umschwärmt den Menschen, als ob sie nur die Maskerade der Götter wäre, die sich nur einen Scherz daraus machten, in allen Gestalten den Menschen zu täuschen.

Der Mensch selbst aber hat einen unbesiegbaren Hang, sich täuschen zu lassen und ist wie bezaubert vor Glück, wenn der Rhapsode ihm epische Märchen wie wahr erzählt oder der Schauspieler im Schauspiel den König noch königlicher agirt, als ihn die Wirklichkeit zeigt. Der Intellekt, jener Meister der Verstellung, ist so lange frei, und seinem sonstigen Sklavendienste enthoben, als er täuschen kann, ohne zu *schaden* und feiert dann seine Saturnalien; nie ist er üppiger, reicher, stolzer, gewandter und verwegener. Mit schöpferischem Behagen wirft er die Metaphern durcheinander und verrückt die Gränzsteine der Abstraktion, so dass er z. B. den Strom als den beweglichen Weg bezeichnet, der den Menschen trägt, dorthin, wohin er sonst geht. Jetzt hat er das Zeichen der Dienstbarkeit von sich geworfen: sonst mit trübsinniger Geschäftigkeit bemüht, einem armen Individuum, dem es nach Dasein gelüstet, den Weg und die Werkzeuge zu zeigen und wie ein Diener für seinen Herrn auf Raub und Beute ausziehend ist er jetzt zum Herrn geworden und darf den Ausdruck der Bedürftigkeit aus seinen Mienen wegwischen. Was er jetzt auch thut, Alles trägt im Vergleich mit seinem früheren Thun die Verstellung, wie das frühere die Verzerrung an sich. Er copirt das Menschenleben, nimmt es aber für eine gute Sache und scheint mit ihm sich recht zufrieden zu geben. Jenes ungeheure Gebälk und Bretterwerk der Begriffe, an das sich klammernd der bedürftige Mensch sich durch das Leben rettet, ist dem freigewordenen Intellekt nur ein Gerüst und ein Spielzeug für seine verwegensten Kunststücke: und wenn er es zerschlägt, durcheinanderwirft, ironisch wieder zusammensetzt, das Fremdeste paarend und das Nächste trennend, so offenbart er, dass er jene Nothbehelfe der Bedürftigkeit nicht braucht, und dass er jetzt nicht von Begriffen sondern von Intuitionen geleitet wird. Von diesen Intuitionen aus führt kein regelmässiger Weg in das Land der gespenstischen Schemata, der Abstraktionen: für sie ist das Wort nicht gemacht, der Mensch verstummt, wenn er sie sieht, oder redet in lauter verbotenen Metaphern und unerhörten Begriffsfügungen, um wenigstens durch das Zertrümmern und Verhöhnen der alten Begriffsschranken dem Eindrucke der mächtigen gegenwärtigen Intuition schöpferisch zu entsprechen.

Es giebt Zeitalter, in denen der vernünftige Mensch und der intuitive Mensch neben einander stehen, der eine in Angst vor der Intuition, der andere mit Hohn über die Abstraction; der letztere eben so unvernünftig, als der erstere unkünstlerisch ist. Beide begehren über das Leben zu herrschen: dieser, indem er durch Vorsorge, Klugheit, Regelmässigkeit den hauptsächlichsten Nöthen zu begegnen weiss, jener indem er als ein »überfroher Held« jene Nöthe nicht sieht und nur das zum Schein und zur Schönheit verstellte Leben als real nimmt. Wo einmal der intuitive Mensch, etwa wie im älteren Griechenland seine Waffen gewaltiger und siegreicher führt, als sein Widerspiel, kann sich günstigen Falls eine Kultur gestalten, und die Herrschaft der Kunst über das Leben sich gründen; jene Verstellung, jenes Verläugnen der Bedürftigkeit, jener Glanz der metaphorischen Anschauungen und überhaupt jene Unmittelbarkeit der Täuschung begleitet alle Äusserungen eines solchen Lebens. Weder das Haus, noch der Schritt, noch die Kleidung, noch der thönerne Krug verrathen, dass die Nothdurft sie erfand; es scheint so als ob in ihnen allen ein erhabenes Glück und eine olympische Wolkenlosigkeit und gleichsam ein Spielen mit dem Ernste ausgesprochen werden sollte. Während der von Begriffen und Abstractionen geleitete Mensch durch diese das Unglück nur abwehrt, ohne selbst aus den Abstraktionen sich Glück zu erzwingen, während er nach möglichster Freiheit von Schmerzen trachtet, erntet der intuitive Mensch, inmitten einer Kultur stehend, bereits von seinen Intuitionen, ausser der Abwehr des Übels eine fortwährend einströmende Erhellung, Aufheiterung, Erlösung. Freilich leidet er heftiger, *wenn* er leidet; ja er leidet auch öfter, weil er aus der Erfahrung nicht zu lernen versteht und immer wieder in dieselbe Grube fällt, in die er einmal gefallen. Im Leide ist er dann ebenso unvernünftig wie im Glück, er schreit laut und hat keinen Trost. Wie anders steht unter dem gleichen Missgeschick der stoische, an der Erfahrung belehrte, durch Begriffe sich beherrschende Mensch da! Er, der sonst nur Aufrichtigkeit, Wahrheit, Freiheit von Täuschungen und Schutz vor berückenden Überfällen sucht, legt jetzt, im Unglück, das Meisterstück der Verstellung ab, wie jener im Glück; er trägt kein zuckendes und bewegliches Menschengesicht, sondern gleichsam eine Maske mit würdigem Gleichmaasse der Züge, er schreit nicht und verändert nicht einmal seine Stimme. Wenn eine rechte Wetterwolke sich über ihn ausgiesst, so hüllt er sich in seinen Mantel und geht langsamen Schrittes unter ihr davon.

Anhang

Zusätzliche Quellen

a) Über das Pathos der Wahrheit

[Aus: Fünf Vorreden zu fünf ungeschriebenen Büchern]

Vorrede.

Ist der Ruhm wirklich nur der köstlichste Bissen unserer Eigenliebe? – Er ist doch an die seltensten Menschen, als Begierde, angeknüpft und wiederum an die seltensten Momente derselben. Dies sind die Momente der plötzlichen Erleuchtungen, in denen der Mensch seinen Arm befehlend, wie zu einer Weltschöpfung, ausstreckt, Licht aus sich schöpfend und um sich ausströmend. Da durchdrang ihn die beglückende Gewißheit, daß das, was ihn so in's Fernste hinaus hob und entrückte, also die Höhe dieser *einen* Empfindung, keiner Nachwelt vorenthalten bleiben dürfe; in der ewigen Nothwendigkeit dieser seltensten Erleuchtungen für alle Kommenden erkennt der Mensch die Nothwendigkeit seines Ruhms; die Menschheit, in alle Zukunft hinein, braucht ihn, und wie jener Moment der Erleuchtung der Auszug und der Inbegriff seines eigensten Wesens ist, so glaubt er als der Mensch dieses Momentes unsterblich zu sein, während er alles Andere, als Schlacke, Fäulniß, Eitelkeit, Thierheit, oder als Pleonasmus von sich wirft und der Vergänglichkeit preisgiebt.

Jedes Verschwinden und Untergehen sehen wir mit Unzufriedenheit, oft mit der Verwunderung als ob wir darin etwas im Grunde Unmögliches erlebten. Ein hoher Baum bricht zu unserem Mißvergnügen zusammen und ein einstürzender Berg quält uns. Jede Sylvesternacht läßt uns das Mysterium des Widerspruches von Sein und Werden empfinden. Daß aber ein Augenblick höchster Welt-Vollendung gleichsam ohne Nachwelt und Erben, wie ein flüchtiger Lichtschein verschwände, beleidigt am allerstärksten den sittlichen Menschen. Sein Imperativ vielmehr lautet: das, was einmal da war, um den Begriff »Mensch« schöner fortzupflanzen, das muß auch ewig vorhanden sein. Daß die großen Momente eine Kette bilden, daß sie, als Höhenzug, die Menschheit durch Jahrtausende hin verbinden, daß für mich das Größte einer vergangnen Zeit auch groß ist und daß der ahnende Glaube der Ruhmbegierde sich erfülle, das ist der Grundgedanke der Kultur.

An der Forderung daß das Große ewig sein soll, entzündet sich der furchtbare Kampf der Kultur; denn alles Andere, was noch lebt, ruft Nein! Das Gewöhnte, das Kleine, das Gemeine, alle Winkel der Welt erfüllend, als schwere Erdenluft, die zu athmen wir Alle verdammt sind, um das Große qualmend, wirft sich hemmend, dämpfend erstickend trübend täuschend in den Weg, den das Große zur Unsterblichkeit zu gehen hat. Der Weg führt durch menschliche Gehirne! Durch die Gehirne erbärmlicher kurzlebender Wesen, als welche, engen Bedürfnissen überliefert, immer wieder zu denselben Nöthen auftauchen und mit Mühe eine geringe Zeit das Verderben von sich abwehren. Sie wollen leben, etwas leben – um jeden Preis. Wer möchte unter ihnen jenen schwierigen Fackelwettlauf vermuthen, durch den das Große allein weiterlebt? Und doch erwachen immer wieder Einige, die sich, im Hinblick auf jenes Große, so beseligt fühlen, als ob das Menschenleben eine herrliche Sache sei und als ob es als schönste

Frucht dieses bitteren Gewächses gelten müsse, zu wissen daß einmal einer stolz und stoisch durch dieses Dasein gegangen ist, ein anderer mit Tiefsinn, ein dritter mit Erbarmen, alle aber *eine* Lehre hinterlassend, daß der das Dasein am schönsten lebt, der es nicht achtet. Wenn der gemeine Mensch diese Spanne Sein so trübsinnig ernst nimmt, wußten jene, auf ihrer Reise zur Unsterblichkeit, es zu einem olympischen Lachen oder mindestens zu einem erhabenen Hohne zu bringen; oft stiegen sie mit Ironie in ihr Grab – denn was war an ihnen zu begraben?

Die verwegensten Ritter unter diesen Ruhmsüchtigen, die daran glauben ihr Wappen an einem Sternbild hängend zu finden, muß man bei den *Philosophen* suchen. Ihr Wirken weist sie nicht auf ein »Publikum«, auf die Erregung der Massen und den zujauchzenden Beifall der Zeitgenossen hin; einsam die Straße zu ziehn gehört zu ihrem Wesen. Ihre Begabung ist die seltenste und in einem gewissen Betracht unnatürlichste in der Natur, dazu selbst gegen die gleichartigen Begabungen ausschließend und feindselig. Die Mauer ihrer Selbstgenugsamkeit muß von Diamant sein, wenn sie nicht zerstört und zerbrochen werden soll, denn alles ist gegen sie in Bewegung, Mensch und Natur. Ihre Reise zur Unsterblichkeit ist beschwerlicher und behinderter als jede andere, und doch kann Niemand sicherer glauben als gerade der Philosoph, auf ihr zum Ziele zu kommen, weil er gar nicht weiß, wo er stehen soll, wenn nicht auf den weit ausgebreiteten Fittigen aller Zeiten; denn die Mißachtung des Gegenwärtigen und Augenblicklichen liegt in der Art des philosophischen Betrachtens. Er hat die Wahrheit; mag das Rad der Zeit rollen, wohin es will, nie wird es der Wahrheit entfliehen können.

Es ist wichtig von solchen Menschen zu erfahren, daß sie einmal gelebt haben. Nie würde man sich, als müßige Möglichkeit, den Stolz des weisen Heraklit, der unser Beispiel sein mag, imaginiren können. An sich scheint ja jedes Streben nach Erkenntniß, seinem Wesen nach, unbefriedigt und unbefriedigend; deshalb wird Niemand, wenn er nicht durch die Historie belehrt ist, an eine so königliche Selbstachtung, an eine so unbegränzte Überzeugtheit, der einzige beglückte Freier der Wahrheit zu sein, glauben mögen. Solche Menschen leben in ihrem eignen Sonnensystem; darin muß man sie aufsuchen. Auch ein Pythagoras, ein Empedokles behandelten sich selbst mit einer übermenschlichen Schätzung, ja mit fast religiöser Scheu, aber das Band des Mitleidens, an die große Überzeugung von der Seelenwanderung und der Einheit alles Lebendigen geknüpft, führte sie wieder zu den anderen Menschen, zu deren Rettung, hin. Von dem Gefühl der Einsamkeit aber, das den Einsiedler des ephesischen Artemis-Tempels durchdrang, kann man nur in der wildesten Gebirgsöde erstarrend etwas ahnen. Kein übermächtiges Gefühl mitleidiger Erregungen, kein Begehren, helfen und retten zu wollen, strömt von ihm aus: er ist wie ein Gestirn ohne Atmosphäre. Sein Auge, lodernd nach innen gerichtet, blickt erstorben und eisig, wie zum Scheine nur, nach außen. Rings um ihn unmittelbar an die Feste seines Stolzes schlagen die Wellen des Wahns und der Verkehrtheit; mit Ekel wendet er sich davon ab. Aber auch die Menschen mit fühlenden Brüsten weichen einer solchen tragischen Larve aus; in einem abgelegnen Heiligthum, unter Götterbildern, neben kalter großartiger Architektur mag so ein Wesen begreiflicher erscheinen. Unter Menschen war Heraklit, als Mensch, unglaublich; und wenn er wohl gesehen wurde, wie er auf das Spiel lärmender Kinder Acht gab, so hat er dabei jedenfalls bedacht, was nie ein Sterblicher bei solcher Gelegenheit bedacht hat – das Spiel des großen Weltenkindes Zeus und den ewigen Scherz einer Weltzertrümmerung und einer Weltentstehung. Er brauchte die Menschen nicht, auch nicht für seine Erkenntniß; an allem, was man etwa von ihnen erfragen konnte und was die anderen Weisen vor ihm zu erfragen bemüht waren, lag ihm nichts. »Mich selbst suchte und erforschte ich« sagte er mit einem Worte, durch das man das Erforschen eines Orakels bezeichnete: als ob er der wahre Erfüller und Vollender jenes delphischen Satzes »erkenne dich selbst« sei, und Niemand sonst.

Was er aber aus diesem Orakel heraushörte, das hielt er für unsterbliche und ewig deutenswerthe Weisheit, in dem Sinne, in dem die prophetischen Reden der Sibylle unsterblich seien. Es ist genug für die fernste Menschheit: mag sie es nur wie Orakelsprüche sich deuten lassen, wie er, wie der delphische Gott selbst, »weder sagt, noch verbirgt.« Ob es gleich von ihm »ohne Lachen, ohne Putz und Salbenduft«, vielmehr wie mit »schäumendem Munde« verkündet wird, es *muß* zu den tausenden Jahren der Zukunft dringen. Denn die Welt braucht ewig die Wahrheit, also braucht sie ewig Heraklit, obschon er ihrer nicht bedarf. Was geht *ihn* sein Ruhm an! »Der Ruhm bei immer fortfließenden Sterblichen!«, wie er höhnisch ausruft. Das ist etwas für Sänger und Dichter, auch für die, die vor ihm als »weise« Männer bekannt geworden sind – diese mögen den köstlichsten Bissen ihrer Eigenliebe hinunterschlucken, für ihn ist diese Speise zu gemein. Sein Ruhm geht die Menschen etwas an, nicht ihn; seine Eigenliebe ist die

Liebe zur Wahrheit – und eben diese Wahrheit sagt ihm, daß ihn die Unsterblichkeit der Menschheit brauche, nicht er die Unsterblichkeit des Menschen Heraklit.

Die Wahrheit! Schwärmerischer Wahn eines Gottes! Was geht die Menschen die Wahrheit an!

Und was war die Heraklitische »Wahrheit«!

Und wo ist sie hin? Ein verflogener Traum, weggewischt aus den Mienen der Menschheit, mit anderen Träumen! – Sie war die Erste nicht!

Vielleicht würde ein gefühlloser Dämon von alledem, was wir mit stolzer Metapher »Weltgeschichte« und »Wahrheit« und »Ruhm« nennen, nichts zu sagen wissen, als diese Worte:

»In irgend einem abgelegnen Winkel des in zahllosen Sonnensystemen flimmernd ausgegossenen Weltalls gab es einmal ein Gestirn, auf dem kluge Thiere das *Erkennen* erfanden. Es war die hochmüthigste und verlogenste Minute der Weltgeschichte, aber doch nur eine Minute. Nach wenigen Athemzügen der Natur erstarrte das Gestirn, und die klugen Thiere mußten sterben. Es war auch an der Zeit: denn ob sie schon viel erkannt zu haben, sich brüsteten, waren sie doch zuletzt, zu großer Verdrossenheit, dahinter gekommen, daß sie alles falsch erkannt hatten. Sie starben und fluchten im Sterben der Wahrheit. Das war die Art dieser verzweifelten Thiere, die das Erkennen erfunden hatten.«

Dies würde das Loos des Menschen sein, wenn er eben nur ein erkennendes Thier wäre; die Wahrheit würde ihn zur Verzweiflung und zur Vernichtung treiben, die Wahrheit, ewig zur Unwahrheit verdammt zu sein. Dem Menschen geziemt aber allein der Glaube an die erreichbare

Wahrheit, an die zutrauensvoll sich nahende Illusion. Lebt er nicht eigentlich durch ein fortwährendes Getäuschtwerden? Verschweigt ihm die Natur nicht das Allermeiste, ja gerade das Allernächste z. B. seinen eignen Leib, von dem er nur ein gauklerisches »Bewußtsein« hat? In dieses Bewußtsein ist er eingeschlossen, und die Natur warf den Schlüssel weg. O der verhängnißvollen Neubegier des Philosophen, der durch eine Spalte einmal aus dem Bewußtheits-Zimmer hinaus und hinab zu sehen verlangt: vielleicht ahnt er dann, wie auf dem Gierigen, dem Unersättlichen, dem Ekelhaften, dem Erbarmungslosen, dem Mörderischen der Mensch ruht, in der Gleichgültigkeit seines Nichtswissens und gleichsam auf dem Rücken eines Tigers in Träumen hängend.

»Laßt ihn hängen«, ruft die Kunst. »Weckt ihn auf« ruft der Philosoph, im Pathos der Wahrheit. Doch er selbst versinkt, während er den Schlafenden zu rütteln glaubt, in einen noch tieferen magischen Schlummer – vielleicht träumt er dann von den »Ideen« oder von der Unsterblichkeit. Die Kunst ist mächtiger als die Erkenntniß, denn sie will das Leben, und jene erreicht als letztes Ziel nur – die Vernichtung. –

b) Darstellung der antiken Rhetorik

[Vorlesung Sommer 1874]

§3. Verhältniss des Rhetorischen zur Sprache.

»Rhetorisch« nennen wir einen Autor, ein Buch, einen Stil, wenn ein bewusstes Anwenden von Kunstmitteln der Rede zu merken ist, immer mit einem leisen Tadel. Wir vermeinen, es sei nicht *natürlich* und mache den Eindruck des Absichtlichen. Nun kommt sehr viel auf den Geschmack des Urtheilenden an und darauf, was ihm gerade »natürlich« ist. Im Allgemeinen erscheint uns, die wir rohe Sprachempiriker sind, die ganze antike Litteratur etwas künstlich und rhetorisch, zumal die römische. Das hat auch darin seinen tieferen Grund, dass die eigentliche Prosa des Alterthums durchaus Widerhall der lauten *Rede* ist und an deren Gesetzen sich gebildet hat: während unsere Prosa immer mehr aus dem *Schreiben* zu erklären ist, unsere Stilistik sich als eine durch *Lesen* zu percipirende giebt. Der Lesende und der Hörende wollen aber eine ganz andere Darstellungsform, und deshalb klingt uns die antike Litteratur »rhetorisch«: d. h. sie wendet sich zunächst ans Ohr, um es zu bestechen. Ausserordentliche Ausbildung des rhythmischen Sinnes bei Griechen und Römern, im Hören des Gesprochenen, bei ungeheurer fortwährender Übung. – Es steht hier ähnlich wie bei der Poesie – wir kennen Litteraturpoeten, die Griechen wirkliche Poesie ohne Vermittlung des Buches. Wir sind viel blasser und abstrakter.

Es ist aber nicht schwer zu beweisen, dass was man als Mittel bewusster Kunst »rhetorisch« nennt, als Mittel unbewusster Kunst in der Sprache und deren Werden thätig waren, ja, dass die *Rhetorik eine Fortbildung der in der Sprache gelegenen Kunstmittel* ist, am hellen Lichte des Verstandes. Es giebt gar keine unrhetorische »Natürlichkeit« der Sprache, an die man appelliren könnte: die Sprache selbst ist das Resultat von lauter rhetorischen Künsten. Die Kraft, welche Aristoteles Rhetorik nennt, an jedem Dinge das heraus zu finden und geltend zu machen, was wirkt und Eindruck macht, ist zugleich das Wesen der Sprache: diese bezieht sich ebensowenig wie die Rhetorik auf das Wahre, auf das *Wesen* der Dinge, sie will nicht belehren, sondern eine subjektive Erregung und Annahme auf Andere übertragen. Der sprachbildende Mensch fasst nicht Dinge oder Vorgänge auf, sondern *Reize*: er giebt nicht Empfindungen wieder, sondern sogar nur Abbildungen von Empfindungen. Die Empfindung, durch einen Nervenreiz hervorgerufen, nimmt das Ding nicht selbst auf: diese Empfindung wird nach aussen hin durch ein Bild dargestellt: es fragt sich aber überhaupt, wie ein Seelenakt durch ein Tonbild darstellbar ist? Müsste nicht, wenn vollkommen genaue Wiedergabe stattfinden sollte, vor allem das Material, in welchem wiedergegeben werden soll, dasselbe sein, wie dasjenige ist, in dem die Seele arbeitet? Da es nun aber ein Fremdes ist – der Laut –, wie kann da Genaueres herauskommen als ein *Bild*? Nicht die Dinge treten ins Bewusstsein, sondern die Art, wie wir zu ihnen stehen, das πιθανόν. Das volle Wesen der Dinge wird nie erfasst. Unsere Lautäusserungen warten keineswegs ab, bis unsere Wahrnehmung und Erfahrung uns zu einer vielseitigen, irgendwie respektabeln Erkenntniss der Dinge verholfen hat: sie erfolgen sofort, wenn der Reiz empfunden ist. Statt der Dinge nimmt die Empfindung nur ein *Merkmal* auf. Das ist der *erste* Gesichtspunkt: *die Sprache ist Rhetorik*, denn sie will nur eine δόξα, keine ἐπιστήμη übertragen.

Als wichtigstes Kunstmittel der Rhetorik gelten die *Tropen*, die uneigentlichen Bezeichnungen. Alle Wörter aber sind an sich und von Anfang an, in Bezug auf ihre Bedeutung, Tropen. Statt des wahren Vorgangs stellen sie ein in der Zeit verklingendes Tonbild hin: die Sprache drückt niemals etwas vollständig aus, sondern hebt nur ein ihr hervorstechend scheinendes Merkmal hervor. Wenn der Rhetor »Segel« statt »Schiff«, »Welle« statt »Meer« sagt, so ist das die *Synekdoche*, ein »Mitumfassen« trat ein; aber dasselbe ist doch, wenn δράκων Schlange heisst, eigentlich die »glänzend blickende« oder serpens die kriechende; aber warum heisst serpens nicht auch Schnecke? Eine einseitige Wahrnehmung tritt ein für die ganze und volle Anschauung. In anguis bezeichnet der Lateiner die Schlange als constrictor; die Hebräer nennen sie die Zischelnde oder die Sichwindende oder die Verschlingende oder die Kriechende. – Die zweite Form des Tropus ist die *Metapher*. Sie schafft die Wörter nicht neu, sondern deutet sie um. Z. B. bei einem Berg redet sie von Koppe, Fuss, Rücken, Schlünde, Hörner, Adern; πρόσωπον Gesicht, mit νεώς das Vordertheil, χεῖλη Lippen, mit ποταμῶν Flussufer, γλῶσσα Zunge, auch Mundstück der Flöte; μαστός Brust, auch Hügel. Die Metapher zeigt sich in der Bezeichnung des Geschlechtes, das genus im grammatischen Sinn ist ein Luxus der Sprache und reine Metapher. Dann Übertragung vom Raume auf die Zeit, »zu Hause«, »Jahraus«, von der Zeit übertragen auf Causalität, qua ex re, hinc inde, ὅθεν, εἰς τί. – Eine dritte Figur ist die *Metonymie*, Vertauschung von Ursache und Wirkung; wenn z. B. der Rhetor »Schweiss« für »Arbeit« sagt, »Zunge« statt »Sprache«. Wir sagen »der Trank ist bitter« statt »er erregt in uns eine Empfindung der Art«; »der Stein ist hart«, als ob hart etwas anderes wäre als ein Urtheil von uns. »Die Blätter sind grün.« Auf Metonymie zurück geht die Verwandtschaft von λεύσσω und lux luceo, color (Decke) und celare. μήν mensis mânôt ist der »Messende«, nach einer Wirkung benannt. – In summa: die Tropen treten nicht dann und wann an die Wörter heran, sondern sind deren eigenste Natur. Von einer »eigentlichen Bedeutung«, die nur in speziellen Fällen übertragen würde, kann gar nicht die Rede sein.

Ebensowenig wie zwischen den eigentlichen Wörtern und den Tropen ein Unterschied ist, giebt es einen zwischen der regelrechten *Rede* und den sogenannten *rhetorischen Figuren.* Eigentlich ist alles Figuration, was man gewöhnlich Rede nennt. Die Sprache wird geschaffen von den einzelnen Sprachkünstlern, festgestellt aber dadurch, dass der Geschmack der Vielen eine Auswahl trifft. Die einzeln Wenigen reden σχήματα, ihre virtus vor Vielen. Dringen sie nicht durch, so beruft sich Jeder ihnen gegenüber auf den usus und spricht von Barbarismen und Solöcismen. Eine Figur, welche keine Abnehmer findet, wird Fehler. Ein von irgend einem usus angenommener Fehler wird eine Figur. Die Freude an *Gleichklängen* gilt auch bei den ῥήτορες, τὰ ἴσα σχήματα, zu denken an die παρισώσεις des Gorgias. Aber über das Maass ist grosser Streit: der Eine ist da entzückt, wo der Andere widrige Fehler empfindet. Luther tadelt als neue Wörter beherzigen, erspriesslich. Sie sind durchgedrungen, ebenso wie »furchtlos« seit Simon Dach, »empfindsam« seit der Übersetzung von Yoriks empfindsamer Reise 1768. »Umsicht« als Übersetzung von circumspectio von 1794, »Leidenschaft« erst seit Ch. Wolf nach πάθος. Aber die Formen der Enallage, Hypallage, Pleonasmus sind bereits im Werden der Sprache, des Satzes thätig; die gesammte Grammatik ist das Produkt dieser sogenannten figurae sermonis.[1]

c) Wie die »wahre Welt« endlich zur Fabel wurde

Geschichte eines Irrthums.

1. Die wahre Welt erreichbar für den Weisen, den Frommen, den Tugendhaften, – er lebt in ihr, *er ist sie*.
   (Älteste Form der Idee, relativ klug, simpel, überzeugend. Umschreibung des Satzes »ich, Plato, *bin* die Wahrheit«.)
2. Die wahre Welt, unerreichbar für jetzt, aber versprochen für den Weisen, den Frommen, den Tugendhaften (»für den Sünder, der Busse thut«).
   (Fortschritt der Idee: sie wird feiner, verfänglicher, unfasslicher, – *sie wird Weib*, sie wird christlich …)
3. Die wahre Welt, unerreichbar, unbeweisbar, unversprechbar, aber schon als gedacht ein Trost, eine Verpflichtung, ein Imperativ.
   (Die alte Sonne im Grunde, aber durch Nebel und

1 Ausführliche Sammlungen in diesem Sinne gemacht bei Gustav Gerber, »Die Sprache als Kunst«, Bromberg 1871.

Skepsis hindurch; die Idee sublim geworden, bleich, nordisch, königsbergisch.)

4. Die wahre Welt – unerreichbar? Jedenfalls unerreicht. Und als unerreicht auch *unbekannt*. Folglich auch nicht tröstend, erlösend, verpflichtend: wozu könnte uns etwas Unbekanntes verpflichten? …

   (Grauer Morgen. Erstes Gähnen der Vernunft. Hahnenschrei des Positivismus.)

5. Die »wahre Welt« – eine Idee, die zu Nichts mehr nütz ist, nicht einmal mehr verpflichtend, – eine unnütz, eine überflüssig gewordene Idee, *folglich* eine widerlegte Idee: schaffen wir sie ab!

   (Heller Tag; Frühstück; Rückkehr des bon sens und der Heiterkeit; Schamröthe Plato's; Teufelslärm aller freien Geister.)

6. Die wahre Welt haben wir abgeschafft: welche Welt blieb übrig? die scheinbare vielleicht? … Aber nein! *mit der wahren Welt haben wir auch die scheinbare abgeschafft!*

   (Mittag; Augenblick des kürzesten Schattens; Ende des längsten Irrthums; Höhepunkt der Menschheit; INCIPIT ZARATHUSTRA.)

d) Nachgelassenes Fragment (Sommer – Herbst 1884)

So wie ich über moralische Dinge denke, bin ich zu langem Stillschweigen verurtheilt gewesen. Meine Schriften enthalten diesen und jenen Wink; ich selber stand kühner dazu; schon in meinem 25. Jahre verfaßte ich *für mich* ein pro memoria »über Wahrheit und Lüge im außermoralischen Sinne«. Ich bin sogar mit Menschen umgegangen, welche sich auf ihre Art mit Moral beschäftigten: sie werden mir bezeugen, daß ich nie auf *meine* Art mit ihnen von Moral gesprochen habe. Jetzt, wo ich einen freieren Überblick über diese Zeit habe, und Vieles mir erlaube, was ich früher für unerlaubt gehalten hätte, sehe ich keine Gründe mehr, hinter dem Berge zu halten. »Daß die ›Wahrheit‹ in diesen Dingen schädlich ist«, um mich der Sprache der moralischen Hypokriten zu bedienen, und daß sie Viele zu Grunde richten kann, gebe ich zu: aber »schädlich sein« und »zu Grunde richten« gehört so gut zu den Aufgaben des Philosophen wie »nützlich sein« und »aufbauen«.

Zu dieser Ausgabe

Der Text *Über Wahrheit und Lüge im außermoralischen Sinne* wird hier nach der Kritischen Studienausgabe (KSA) wiedergegeben:

> Friedrich Nietzsche: *Sämtliche Werke. Kritische Studienausgabe in 15 Bänden*, hrsg. von Giorgio Colli / Mazzino Montinari, Bd. 1: *Die Geburt der Tragödie. Unzeitgemäße Betrachtungen*, München 1980, S. 873–890.

Die Texte blieben in Orthographie und Interpunktion unverändert. Lediglich die satztechnisch bedingte Schreibung der Umlaute Ae, Oe und Ue wurde zu Ä, Ö und Ü normalisiert.

Die im Anhang dieser Studienausgabe abgedruckten Texte folgen ebenfalls der KSA:

Über das Pathos der Wahrheit	CV, KSA 1, S. 755–760
Wie die »wahre Welt« endlich zur Fabel wurde	GD, KSA 6, S. 80–81
Nachgelassenes Fragment (Sommer–Herbst 1884)	NFb, KSA 11, S. 248–249

Eine Ausnahme stellt der im Anhang abgedruckte Ausschnitt aus Nietzsches Vorlesung »Darstellung der antiken Rhetorik« dar; sie folgt der in diesem Fall recht zuverlässigen Musarionausgabe (eine einzelne sinnentstellende Differenz gegenüber der heute einschlägigen Edition in der *Kritischen Gesamtausgabe* wurde ausgewiesen und kommentiert, s. Anm. zu 41,18):

> Friedrich Nietzsche: *Gesammelte Werke. Musarionausgabe*, Bd. 5: *Vorlesungen 1872–1876*, München 1922, S. 297–300.

Anmerkungen

Über Wahrheit und Lüge im außermoralischen Sinne

9,4 *Thiere:* Nietzsche übernimmt die »anti-metaphysische[] und antiteleologische[] [d.h. die nicht auf ein Ziel ausgerichtete; K.S.] Tendenz«, den Menschen als Tier zu begreifen, vom zeitgenössischen Darwinismus, der zu den einflussreichsten wissenschaftlichen und weltanschaulichen Konzepten in der zweiten Hälfte des 19. Jahrhunderts gehört (vgl. Thomas H. Brobjer, [Art.] »Darwinismus«, in: *Nietzsche-Hb.*, S. 212 f., hier: S. 212). Das Motiv des Erkennens, das dennoch nicht zu wahrer Erkenntnis führt, lässt sich als kontrafaktische Anspielung auf die alttestamentliche Schöpfungsgeschichte verstehen (vgl. den ›Sündenfall‹ in Gen. 3).

9,20 *Pathos:* Der Pathos-Begriff ist titelgebend für die 1872 von Nietzsche verfasste und als erstes Stück in die Sammlung *Fünf Vorreden zu fünf ungeschriebenen Büchern* integrierte Schrift *Über das Pathos der Wahrheit*, die Nietzsche Cosima Wagner (1837–1930) zum Geburtstag am 25. Dezember 1872 widmete und die als Vorarbeit zu *Über Wahrheit und Lüge* gelesen werden kann. Vor allem die Verbindung von ›Erkenntnisstreben‹ und ›Hochmut‹ findet sich bereits in dieser Schrift: »Dies sind die Momente der plötzlichen Erleuchtungen, in denen der Mensch seinen Arm befehlend, wie zu einer Weltschöpfung, ausstreckt, Licht aus sich schöpfend und um sich ausströmend« (CV, KSA 1, S. 755). – Die Rede vom »Pathos der Distanz« wird in späteren Schriften Nietzsches zu einem Zentralbegriff.

9,25 f. *der stolzeste Mensch, der Philosoph:* Hierzu äußert sich der französische Religionswissenschaftler, Mathematiker und Physiker Blaise Pascal (1623–1668), den Nietzsche an späterer Stelle in seiner Abhandlung auch ausdrücklich zitiert: »Die Eitelkeit ist so tief ins Herz des Menschen gepflanzt, daß ein gemeiner Soldat, ein Troßbube, ein Koch, ein Lastträger sich rühmt, und seine Bewunderung haben will; ja selbst die Philosophen wollen dieses« (Pascal, *Gedanken, Fragmente und Briefe*, S. 201). – Darüber hinaus lässt sich dieser Aspekt zurückführen auf die athenische Schule der Philosophie: Erwähnt Nietzsche in seiner Schrift *Über das Pathos der Wahrheit* explizit und exemplarisch »den Stolz des weisen Heraklit« (CV, KSA 1, S. 757), so stellt er diesen Bezug auch selbst her.

10,1 *delikatesten:* zartesten.

10,3 *Lessings Sohn:* S. hierzu Lessings (1729–1781) Brief an Johann Joachim Eschenburg vom 31. Dezember 1777 über sein kurz nach der Geburt verstorbenes Kind und seine im Sterben liegende Frau: »Mein lieber Eschenburg, Ich ergreife den Augenblick, da meine Frau ganz ohne Besonnenheit liegt, um Ihnen für Ihren gütigen Anteil zu danken. Meine Freude war nur kurz: Und ich verlor ihn so ungern, diesen Sohn! denn er hatte so viel Verstand! so viel Verstand! – Glauben Sie nicht, daß die wenigen Stunden meiner Vaterschaft, mich schon zu so einem Affen von Vater gemacht haben! Ich weiß, was ich sage. – War es nicht Verstand, daß man ihn mit eisern Zangen auf die Welt ziehen mußte? daß er so bald Unrat merkte? – War es nicht Verstand, daß er die erste Gelegenheit ergriff, sich wieder davon zu machen? – Freilich zerrt mir der kleine Ruschelkopf auch die Mutter mit fort! – Denn noch ist wenig Hoffnung, daß ich sie behalten werde. – Ich wollte es auch einmal so gut haben, wie andere Menschen. Aber es ist mir schlecht bekommen. Lessing« (Gotthold Ephraim Lessing, *Gesammelte Werke*, Bd. 9: *Briefe*, hrsg. von Paul Rilla, Berlin/Weimar 1968, S. 765 f.). – S. als weitere Referenz Lessings Brief an Karl Lessing vom 12. Januar 1778 (ebd., S. 769).

10,9 *Täuschung:* Hierbei handelt es sich um einen Zentralbegriff des Essays, der in engem Zusammenhang mit Nietzsches Reflexionen zum »Maskirtsein« des Menschen in der Gesellschaft steht (s. dazu Anm. zu 10,21 f.). – Dass sich der Philologe Nietzsche hierbei auf das rhetorische Prinzip der *dissimulatio* bezieht – ein strategisches »Verbergen der eigenen Haltung, so dass sich der Gegenspieler des Sprechers über dessen wahre Intentionen täuscht« –, liegt hier durchaus nahe (Heinrich F. Plett, *Einführung in die rhetorische Textanalyse*, 9., aktual. und erw. Aufl., Hamburg 2001, S. 119).

10,12 f. *Erhaltung des Individuums:* Nietzsche folgt in diesem Punkt Arthur Schopenhauer (1788–1860); s. dazu etwa dessen Schrift

Über den Willen in der Natur (1836): »Wie mit jedem Organ und jeder Waffe, zur Offensive oder Defensive, hat sich auch, in jeder Thiergestalt, der Wille mit einem INTELLEKT ausgerüstet, als einem Mittel zur Erhaltung des Individuums und der Art […]« (Schopenhauer, *Werke*, Bd. 3, S. 234). – Darüber hinaus klingt in dieser Formulierung das evolutionäre Denken des Darwinismus an (s. weiterführend Anm. zu 9,4 und zu 10,15–17).

10,15–17 *Kampf um die Existenz mit … scharfem Raubthier-Gebiss zu führen:* Der Anklang an den von Nietzsche in verschiedener Hinsicht bejahten Darwinismus mit seiner Betonung des Kampfes als eines evolutionären Grundprinzips (so bereits im Titel der Hauptschrift Darwins *On the origin of species by means of natural selection, or the preservation of favoured races in the struggle for life*, 1859, dt.: *Über die Entstehung der Arten durch natürliche Zuchtwahl, oder die Erhaltung der begünstigten Rassen im Kampfe ums Dasein*) ist an dieser Stelle unüberhörbar. – Ein naheliegender Bezug ergibt sich an dieser Stelle außerdem zu Nietzsches Auseinandersetzung mit Homer in der Schrift *Homer's Wettkampf*, dem letzten Abschnitt aus den *Fünf Vorreden zu fünf ungeschriebenen Büchern*; dort heißt es gleich zu Beginn: »So haben die Griechen, die humansten Menschen der alten Zeit, einen Zug von Grausamkeit, von *tigerartiger Vernichtungslust* an sich […], der […] in ihrer ganzen Geschichte, ebenso wie in ihrer Mythologie uns, die wir mit dem weichlichen Begriff der Humanität ihnen entgegenkommen, in Angst versetzen muß« (CV, KSA 1, S. 783; Herv. K. S.).

10,21 f. *das Maskirtsein … vor Anderen und vor sich selbst:* In Nietzsches Werk finden sich an unterschiedlichen Stellen (s. auch Anm. zu 10,9) Reflexionen über das (soziale) Dasein der Menschen als Schauspiel und Maskierung; s. zu dieser Konstellation überblickshaft Ingo Christians, [Art.] »Schauspieler, Maske«, in: *Nietzsche-Hb.*, S. 318–320.

10,26 *Trieb:* Zentraler Begriff in diesem Essay wie im Gesamtwerk Nietzsches: Der Trieb erscheint bei Nietzsche als das grundlegendste Prinzip der menschlichen »Arterhaltung« (FW, KSA 3, S. 371), das ursprünglich jenseits der moralischen Unterscheidung

»von Nützlichkeit und Egoismus« angesiedelt war (Volker Caysa, [Art.] »Trieb«, in: *Nietzsche-Hb.*, S. 339 ff., hier: S. 339).

10,27 *Traumbilder:* Nietzsche geht an gleich mehreren Stellen seiner Abhandlung wie auch seines Gesamtwerkes auf das Phänomen des Traumes ein, ohne dabei eine konsistente Traumtheorie zu entwickeln. Er rekurriert mit seinen Äußerungen u. a. auf einschlägige Reflexionen in Schopenhauers *Die Welt als Wille und Vorstellung* (1819). Dort heißt es in § 5 des ersten Buches: »[W]ir haben Träume; ist nicht etwan das ganze Leben ein Traum? – oder bestimmter: giebt es ein sicheres Kriterium zwischen Traum und Wirklichkeit? zwischen Phantasmen und realen Objekten?« Schopenhauers Antwort läuft auf eine Feststellung hinaus, die mit dem Traumbegriff in *Über Wahrheit und Lüge* ziemlich genau übereinstimmt: Es finde sich im Wesen von ›Traum‹ und ›Leben‹ kein »bestimmter Unterschied«, weshalb man den »Dichtern« zustimmen müsse, »daß das Leben ein langer Traum« sei (Schopenhauer, *Werke*, Bd. 1, S. 47 und 49 f.).

10,27–31 *ihr Auge gleitet ... auf dem Rücken der Dinge zu spielen:* Diese Motivik und Bildlichkeit hat Entsprechungen in Johann Wolfgang Goethes (1749–1832) fünfter *Römischer Elegie* (1795). Die Verse lauten dort: »Aber die Nächte hindurch hält Amor mich anders beschäftigt, / Werd ich auch halb nur gelehrt, bin ich doch doppelt vergnügt. / Und belehr ich mich nicht? wenn ich *des lieblichen Busens / Formen* spähe, die Hand leite die Hüften hinab. / Dann versteh ich erst recht den Marmor, ich denk' und vergleiche, / *Sehe mit fühlendem Aug', fühle mit sehender Hand.* / [...] / Oftmals hab' ich auch schon in ihren Armen gedichtet / Und des Hexameters Maas, leise, mit fingernder Hand / Ihr *auf den Rücken* gezählt [...]« (Johann Wolfgang Goethe, *Gedichte. Studienausgabe*, hrsg. von Bernd Witte, Stuttgart 2001, S. 158 f.; Herv. K. S.).

11,7 *percipiren:* Im Sinne von »erfassen«, »vorstellen«, »wahrnehmen«. – Weil Immanuel Kants (1724–1804) Erkenntnistheorie eine wichtige Referenz für Nietzsches Schrift darstellt (entsprechende Verweise finden sich in den Anm. zu 13,22 und 16,30 sowie im Nachwort auf S. 79 f.), sei hier zumindest am Rande darauf hingewiesen, dass dem Begriff der »Perzeption« bei Kant eine systematische Stellung zukommt (vgl. Kant, *Kritik der reinen Vernunft*, S. 399 f. [319 f.]).

11,13 *Neubegier:* seltener für »Neugier«.

11,25 *heerdenweise:* Das »Herdentier« repräsentiert nicht nur in *Über Wahrheit und Lüge*, sondern in Nietzsches gesamtem Werk einen mittelmäßigen, willenlosen, instinktgesteuerten und selbstzufriedenen Menschen, dessen Handeln einer »Moral der Gleichheit« (NFb, KSA 11, S. 212) folge – für Nietzsche ein verachtenswertes Prinzip, das er scharf kritisiert. – Außerdem dient Nietzsche der Typus des »Herdentiers« zur abgrenzenden Profilierung eines höheren Menschentypus, besonders markant in einem nachgelassenen Fragment: »Der Durst nach großen und tiefen Seelen – und immer nur dem Heerdenthier zu begegnen!« (NFb, KSA 11, S. 518)

11,27 *bellum omnium contra omnes:* Nietzsche zitiert hier eine Zentralprämisse der Staatsphilosophie von Thomas Hobbes (1588–1679), die als Kernsatz des *Leviathan* (1651) gilt. Die lateinische Fassung des Satzes, die Nietzsche an dieser Stelle zitiert, findet sich in der Vorstufe des *Leviathan* unter dem Titel *De Cive* (1642, dt.: *Über den Bürger*): »[O]stendo primo, conditionem hominum extra societatem civilem (quam conditionem appellare liceat statum naturae) aliam non esse quam bellum omnium contra omnes; atque in eo bello jus esse omnibus in omnia«; dt.: »Zunächst zeige ich, dass der Zustand der Menschen außerhalb der bürgerlichen Gesellschaft (den wir den Naturzustand nennen dürfen) nur der Krieg aller gegen alle ist, und dass in diesem Kriege alle ein Recht auf alles haben« (Thomas Hobbes, *Elementa Philosophica de Cive*, Amsterdam 1657 [Praefatio, unpag.]).

12,13 f. *fliehen dabei:* weichen zurück vor.

12,20 *Leben erhaltenden Folgen:* Nietzsche greift hier den – an Schopenhauer und dem Darwinismus ausgerichteten – Gedanken von der »Erhaltung des Individuums« (s. Anm. zu 10,12 f.) erneut auf.

12,26 f. *Ist die Sprache der adäquate Ausdruck aller Realitäten?:* Nietzsche bezieht sich mit dieser Grundfrage seines Essays, die er im folgenden radikal negativ beantworten wird, auf die traditionsreiche Adäquationstheorie, die sich durch die gesamte Philosophiegeschichte zieht – von Platon über Thomas von Aquin und Gottfried Wilhelm Leibniz bis zu Ludwig Wittgenstein. Ihr zentrales Problem ist die Frage, ob die Erkenntnis der Realität und die daraus resultierenden Aussagen über die Realität mit der Realität selbst übereinstimmen. Es ist diese Frage, die auch die Literaten und Theoretiker der sogenannten Sprachkrise um 1900 umtreibt (s. dazu überblickshaft den letzten Abschnitt im Nachwort dieser Ausgabe, S. 98–102).

12,31 *Tautologie:* Den in der Rhetorik ebenso wie in der Logik verwendeten Begriff versteht Nietzsche offenbar im Sinne einer Zirkeldefinition (*idem per idem*), in der das *definiens* (das Definierende) das *definitum* (das Definierte) lediglich wiederholt.

13,2 f. *Abbildung eines Nervenreizes in Lauten:* Mit dieser Idee – wie mit einigen anderen der hier entfalteten Ideen – bezieht sich Nietzsche auf die Studie des Bromberger Schuldirektors und Philosophen Gustav Gerber (1820–1901) mit dem Titel *Die Sprache als Kunst* (1871): »Wenn nämlich durch ein Hörbares – den Laut – ein Reiz, eine Empfindung dargestellt wird, kann diese Darstellung freilich nur ein Bild sein […]. Denn als vorstellend ist der Mensch nicht mehr eins mit der Natur; er unterscheidet die Objekte und deren Reizungen von sich und will nicht diese selbst darstellen, sondern solches Bild von ihnen, wie er es sich eingebildet hat. Diese Einbildung ist sein Werk, und auch sie, wie jedes Innerliche, drängt dazu, – wenn schon nicht mehr aus blosser Gewalt der Natur – sich nach Aussen hinzustellen, hören zu lassen, was und wie sie ist« (Gerber, *Sprache als Kunst*, S. 174). – Zu Nietzsches Gerber-Rezeption (und zur diesbezüglich einschlägigen Forschungsliteratur) s. das Nachwort zu dieser Ausgabe (S. 74–79).

13,5 f. *Satzes vom Grunde:* Gemeint ist der Satz vom (zureichenden oder auch bestimmenden) Grunde (*principium rationis sufficientis*) in der Logik und der Ontologie. – Eine einschlägige Definition – die Arthur Schopenhauer in seiner Dissertationsschrift *Über die vierfache Wurzel des Satzes vom zureichenden Grunde* aus dem Jahr 1813 zitiert (Schopenhauer, *Werke*, Bd. 3, S. 18) – stammt von Christian Wolff (1679–1754) und lautet: *»Nihil est sine ratione sufficiente, cur potius sit, quam non sit«;* dt.: *»Nichts ist ohne zureichen-*

den Grund, warum es eher ist, als nicht ist« (Christian Wolff, *Philosophia prima sive ontologia* [...], Leipzig/Frankfurt 1736, S. 47, § 70). – Dass sich Nietzsche an dieser Stelle auf Schopenhauers Diskussion des Prinzips bezieht, lässt sich anhand der ein Jahr vor *Über Wahrheit und Lüge* erschienenen *Geburt der Tragödie* erschließen; dort heißt es: »Schopenhauer [hat uns] das ungeheure Grausen geschildert, welches den Menschen ergreift, wenn er plötzlich an den Erkenntnissformen der Erscheinung irre wird, indem der Satz vom Grunde, in irgend einer seiner Gestaltungen, eine Ausnahme zu erleiden scheint« (GT, KSA 1, S. 28).

13,9–11 *der Stein ist hart ... eine ganz subjektive Reizung:* Wiederum bezieht sich Nietzsche auf Gerbers Studie. Dort heißt es: »[W]ir sagen: der Stein ist hart, als ob die Härte etwas Anderes wäre, als ein Urtheil von uns« (Gerber, *Sprache als Kunst*, S. 384). – An ebendieser Stelle zeigt sich allerdings auch, wie eng Nietzsches Rezeption der Gerber-Studie mit seiner Rezeption der Schriften Georg Christoph Lichtenbergs (1742–1799) ineinandergreift; so findet sich in seinem Handexemplar der Werke Lichtenbergs auch der folgende Aphorismus: »Wenn ich sage: dieser Stein ist hart – also erst den Begriff Stein, der mehreren Dingen zukommt, diesem Individuo beilege; alsdann von Härte rede, und nun gar das Hartsein mit dem Stein verbinde – so ist dieses ein solches Wunder von Operation, daß es eine Frage ist, ob bei Verfertigung manches Buches so viel angewandt wird« (Lichtenberg, *Schriften*, S. 87). – Vgl. Eingehenderes im Nachwort (S. 76–78).

13,14–17 *Wir reden von einer Schlange ... auch dem Wurme zukommen:* Erneut verweist Nietzsche auf Gerbers Studie; dort findet sich die folgende Passage: »Bei den Hebräern heisst die Schlange die Zischelnde: נָחָשׁ die sich Windende: לִוְיָתָן die Flüchtige: בָּרִ יחַ die Zischende: אֶפְעֶה die Verschlingende: שָׂרָף und freilich auch die Kriechende: שְׁפִיפוֹן« (Gerber, *Sprache als Kunst*, S. 366).

13,22 *»Ding an sich«:* Mit der Rede vom »Ding an sich« bezieht sich Nietzsche auf einen Zentralbegriff der kantischen Erkenntnistheorie. Mit ihm bezeichnet Kant eine von der Erkenntnis der Menschen unabhängig gegebene Wirklichkeit, die aufgrund der apriorischen Prinzipien der menschlichen Wahrnehmung – wie u. a.

Raum und Zeit – allerdings unerkennbar ist. – Nietzsche äußert sich mehrfach zu diesem Theorem, in seinen Werken wie auch in seinen nachgelassenen Fragmenten, von denen das folgende aus der Entstehungszeit des Essays *Über Wahrheit und Lüge* stammt: »Sobald man das Ding an sich erkennen will, so ist es eben diese Welt – erkennen ist nur möglich, als ein Wiederspiegeln und Sichmessen an einem Maße (Empfindung). Wir wissen, was die Welt ist: absolute und unbedingte Erkenntniß ist Erkennenwollen ohne Erkenntniß« (NFa, KSA 7, S. 465).

13,27 *die kühnsten Metaphern:* Die ›kühne Metapher‹ ist ein in der Sprachwissenschaft fest etablierter Begriff: Die semantische Schnittmenge (*tertium comparationis*) von Ausgangs- und Zielterm ist in diesem Fall derart minimiert, dass die Metapher nur interpretatorisch entschlüsselt werden kann. Auffällig ist an dieser Stelle, dass Nietzsche die rhetorische Figur der Metapher ihrerseits in eine rhetorische Figur kleidet, nämlich in eine Hyperbel (Überdehnung, Übertreibung). Nietzsche unterstreicht dadurch noch einmal die Rhetorizität der Sprache insgesamt.

13,28 f. *Das Bild ... in einem Laut:* Auch diese Stelle verweist auf Gerbers Studie: »Müsste nicht, wenn vollkommene, genaue Wiedergabe stattfinden sollte, vor Allem das Material, in welchem wiedergegeben werden soll, dasselbe sein, wie dasjenige ist, in welchem die Seele arbeitet? Da es aber nun ein fremdes ist, – der Laut – wie kann da Genaueres herauskommen, als ein Bild? –« (Gerber, *Sprache als Kunst*, S. 159).

14,3 *Chladnischen Klangfiguren:* Benannt nach dem deutschen Physiker und Astronomen Ernst Florens Friedrich Chladni (1756–1827), der in seinen *Entdeckungen über die Theorie des Klanges* (1787) die Erkenntnis darlegt, dass auf einer mit Sand bestreuten Scheibe bestimmte Muster und Linien entstehen, wenn man diese mit einem Geigenbogen oder einer Stimmgabel in Schwingung versetzt. – Der Rekurs auf die Klangfiguren findet sich bereits in Schopenhauers *Die Welt als Wille und Vorstellung* (vgl. Schopenhauer, *Werke*, Bd. 1, S. 351 f. sowie weiterführend Kap. 39 »Zur Metaphysik der Kunst« in Bd. 2, S. 520–536).

14,17 *Wolkenkukuksheim:* Eine Lehnübersetzung des Begriffes *νεφελοκοκκυγία* aus Aristophanes' Komödie *Die Vögel* (414 v. Chr.) (vgl. Aristophanes, *Die Vögel*, aus dem Griechischen übersetzt und hrsg. von Niklas Holzberg, Stuttgart 2013, S. 44 [u. ö.]). Es handelt sich hierbei um eine polemische Bezeichnung für den Wohnsitz der Philosophen und gilt seit der Antike als anti-intellektueller Topos, vergleichbar etwa der modernen Rede vom »Elfenbeinturm«. – Das Wort findet sich in einer Lehnübersetzung in Schopenhauers Abhandlung *Über die vierfache Wurzel des Satzes vom zureichenden Grunde*: »Die VERNUNFT, der man so frech alle solche Weisheit anlügt, wird erklärt als ein ›Vermögen des Übersinnlichen,‹ auch wohl ›der Ideen,‹ kurz, als ein in uns liegendes, unmittelbar auf METAPHYSIK, angelegtes, orakelartiges Vermögen. Ueber die Art ihrer Perception aller jener Herrlichkeiten und übersinnlicher Wahrnehmungen herrscht jedoch, seit 50 Jahren, große Verschiedenheit der Ansichten unter den Adepten [Jüngern; K. S.]. Nach den Dreistesten hat sie eine unmittelbare Vernunftanschauung des Absolutums, oder auch *ad libitum* des Unendlichen, und seiner Evolutionen zum Endlichen. Nach Anderen, etwas bescheideneren, verhält sie sich nicht sowohl sehend, als hörend, indem sie nicht gerade anschaut, sondern bloß VERNIMMT was in solchem Wolkenkukuksheim (*νεφελοκοκκυγία*) vorgeht, und dann dieses dem sogenannten Verstande treulich wiedererzählt, der danach philosophische Kompendien schreibt« (Schopenhauer, *Werke*, Bd. 3, S. 121 f.).

14,18 *Wesen der Dinge:* Einen ebensolchen Zusammenhang von *res* (Dinge) und *verba* (Begriffe) behauptet die traditionsreiche Idee einer adamitischen Ursprache – mit Adam als »erste[m] signator«, der jedem Ding »nach seiner Art und Eigenschaft« einen Namen gab (so beispielhaft bei Theophrastus Paracelsus, *Werke*, Bd. 5: *Pansophische, magische und gabalische Schriften*, besorgt von Will-Erich-Peuckert, Darmstadt 1968, S. 126).

15,1 *Urform:* Der Begriff der Urform wird nicht nur in naturwissenschaftlichen Schriften Goethes (v. a. in den *Schriften zur Morphologie*), sondern auch in Schopenhauers *Die Welt als Wille und Vorstellung* reflektiert: »Was nun hingegen allein wahrhaft Seiend (*οντως ον*) genannt werden kann, weil es IMMER IST, ABER NIE

WIRD, NOCH VERGEHT: das sind die realen Urbilder jener Schattenbilder: es sind die ewigen Ideen, die Urformen aller Dinge. Ihnen kommt KEINE VIELHEIT zu: denn jedes ist seinem Wesen nach nur Eines, indem es das Urbild selbst ist, dessen Nachbilder, oder Schatten, alle ihm gleichnamige, einzelne, vergängliche Dinge derselben Art sind. Ihnen kommt auch KEIN ENTSTEHEN UND VERGEHEN zu: denn sie sind wahrhaft seiend, nie aber werdend, noch untergehend, wie ihre hinschwindenden Nachbilder« (Schopenhauer, *Werke*, Bd. 1, S. 236).

15,14 *qualitas occulta:* Eine in erster Linie der Naturlehre entstammende Bezeichnung für Kräfte und Ursachen, die nicht wahrnehmbar und daher auch nicht erklärbar sind.

15,21 *anthropomorphisch:* Als Anthropomorphismus (gr. *ἄνθρωπος*, dt. »Mensch«; gr. *μορφή*, dt. »Gestalt«) wird die Zuschreibung menschlicher Eigenschaften auf außermenschliche Lebewesen, Objekte oder Phänomene bezeichnet.

15,24 *dogmatische:* Hier im umgangssprachlichen Sinne verstanden als »starr«, »unreflektiert«, »unumstößlich«. Der Begriff dient damit als Gegenbegriff zu einer grundsätzlich verstandenen, in der antiken Tradition des Pyrrhonismus stehenden Skepsis, wie sie in der darauffolgenden Frage »Was ist also Wahrheit?« zum Ausdruck kommt.

15,26 *Was ist also Wahrheit?:* Nietzsche zitiert an dieser Stelle – in leichter Abwandlung – die bekannte Frage des Pontius Pilatus an Jesus Christus. Auf den Satz Jesu »Ich bin dazu geboren und in die Welt gekommen, daß ich die Wahrheit bezeugen soll« fragt ihn Pilatus: »Was ist Wahrheit?« Ohne dass Jesus noch ein Wort sagen muss, tritt Pilatus vor die wütend erregte Menge und sagt: »Ich finde keine Schuld an ihm« (Joh. 18,37–39). – Nietzsche wird an unterschiedlichen Stellen seines Werks auf Pilatus zurückkommen, vor allem und titelgebend in seiner Spätschrift *Ecce Homo* (entstanden 1888/89). – Vgl. im Zusammenhang von *Über Wahrheit und Lüge* auch den satirisch entstellten *Ecce Homo*-Topos »Siehe, ein Säugethier« (dazu Anm. zu 18,20).

15,27 *Metonymien:* Im Gegensatz zur Metapher beruht die Metonymie nicht auf einer Beziehung der Similarität (der semantischen

Ähnlichkeit), sondern der Kontiguität (der semantischen Nachbarschaft). So kann etwa die Ursache statt der Wirkung stehen, der Produzent statt des Produkts (Kausalbeziehungen) oder aber ein Gefäß statt des Inhalts, ein Ort statt seiner Bewohner (Raumbeziehungen).

16,4 *nicht mehr als Münzen in Betracht kommen:* Die Münzen bzw. das Geld werden an unterschiedlichen Stellen in Nietzsches Werk zum Thema. Einschlägig für den Entstehungszeitraum von *Über Wahrheit und Lüge* ist eine Passage aus *Die Philosophie im tragischen Zeitalter der Griechen*, in der ebenfalls die Abwertung des Geldes als Sinnbild für die Abwertung bestimmter Ideen steht: »Es gab einen Tag, an dem Parmenides einen seltsamen Einfall hatte, der allen seinen früheren Combinationen den Werth zu nehmen schien, so daß er Lust hatte sie wie einen Beutel mit alten abgenutzten Münzen bei Seite zu werfen« (PhG, KSA 1, S. 839 f.).

16,8 *usuellen:* üblichen, gewöhnlichen.

16,30 *Schema:* Nietzsche bezieht sich hier auf den vieldimensionalen Begriff des ›Schemas‹ in Kants Erkenntnistheorie, in der es über das »Schema des reinen Verstandesbegriffs« heißt: »Dieser Schematismus unseres Verstandes, in Ansehnung der Erscheinungen und ihrer bloßen Form, ist eine verborgene Kunst in den Tiefen der menschlichen Seele, deren wahre Handgriffe wir der Natur schwerlich jemals abraten, und sie unverdeckt vor Augen legen werden. So viel können wir nur sagen: das Bild ist ein Produkt des empirischen Vermögens der produktiven Einbildungskraft, das Schema sinnlicher Begriffe (als der / Figuren im Raume) ein Produkt und gleichsam ein Monogramm der reinen Einbildungskraft a priori, wodurch und wonach die Bilder allererst möglich werden, die aber mit dem Begriffe nur immer vermittelst des Schema, welches sie bezeichnen, verknüpft werden müssen, und an sich demselben nicht völlig kongrurieren« (Kant, *Kritik der reinen Vernunft*, S. 217 [141 f.]). – Hieran anschließend rekonstruiert Kant die »transzendentalen Schematen« nach der »Ordnung der Kategorien« (ebd., S. 217–222 [143–147]).

17,10 *Rubriciren:* Kategorisieren, Klassifizieren.

17,12 *Columbariums:* Ursprünglich der lateinische Begriff für die Nische eines Taubenschlags; später, im 1. und 2. Jahrhundert n. Chr., diente der Begriff als Bezeichnung für Aussparungen in römischen und frühchristlichen Grabanalagen zur Aufnahme von Ascheurnen. Weiter unten in Nietzsches Essay ist die Rede vom Columbarium als einer »Begräbnissstätte der Anschauung« (S. 21,5 f.).

17,17 *Residuum:* Überrest.

17,31–18,1 *dass jeder Begriffsgott nur in seiner Sphäre gesucht werde:* Die hier hergestellte Beziehung von ›Sprache‹ und ›Göttlichkeit‹ lässt an einen berühmten Satz aus Nietzsches *Götzen-Dämmerung* denken: »Die ›Vernunft‹ in der Sprache: oh was für eine alte betrügerische Weibsperson! Ich fürchte, wir werden Gott nicht los, weil wir noch an die Grammatik glauben …« (GD, KSA 6, S. 78).

18,6 *wie aus Spinnefäden:* Weiter unten findet sich die hierzu korrespondierende Metapher der ›Spinne‹ (s. Anm. zu 22,2 f.).

18,20 *Siehe, ein Säugethier:* Es handelt sich hierbei um den wohl ersten Aufgriff des *Ecce Homo*-Topos in Nietzsches Werk. Das Original-Zitat findet sich in Joh. 19,5; Pilatus führt Jesus hinaus vor die wütende Menge, auf dem Kopf die Dornenkrone: »Seht, welch ein Mensch!« – Vgl. in diesem Zusammenhang auch die obige Anmerkung zu Nietzsches Anverwandlung der pilatischen Frage »Was ist also Wahrheit?« (s. Anm. zu 15,26).

18,29 *Assimilation:* Angleichung, Anpassung.

20,3 *ästhetisches Verhalten:* Hier verwendet in seiner doppelten Semantik – buchstäblich im Sinne von gr. *αἴσθησις* (als sinnliche Wahrnehmung im einfachen Wortsinn), dann aber auch im Sinne eines sprachphilosophisch begründeten Kunstbegriffs: Der sprachbegabte Mensch ist für Nietzsche ein »künstlerisch schaffendes Subjekt«.

20,24 *ewig wiederholt:* Dass Nietzsches Formulierung an sein späteres Theorem der »ewigen Wiederkunft« denken lässt, sei hier nur am Rande vermerkt.

22,1 *Zeit- und Raum-Vorstellungen:* s. Anm. zu 13,22 bezüglich Kant und dessen erkenntnistheoretischen Begriff vom »Ding an sich«.

22,2 f. *mit der die Spinne spinnt:* Bezug zu Lichtenberg: »Wir müssen glauben, daß Alles eine Ursache habe, so wie die Spinne ihr Netz spinnt, um Fliegen zu fangen. Sie thut dieses, ehe sie weiß, daß es

Fliegen in der Welt gibt« (Lichtenberg, *Schriften*, S. 107; mit entsprechender Randanstreichung Nietzsches). – Dass die Metapher der ›Spinne‹ philosophiegeschichtlich noch sehr viel weiter zurückreicht, ist hiervon unbenommen (s. hierzu den weiterführenden Literaturhinweis im Nachwort, S. 83). – Man berücksichtige an dieser Stelle auch das korrespondierende Motiv der ›Spinnenfäden‹ weiter oben im Text (s. Anm. zu 18,6).

22,19 f. *der Metaphern:* In einer Vorstufe (d. i. eine Aufzeichnung, die später zur Reinschrift der Abhandlung führte) findet sich an dieser Stelle eine Fortsetzung: »Der Raum ohne Inhalt, die Zeit ohne Inhalt sind jederzeit mögliche Vorstellungen: jeder Begriff, also eine Metapher ohne Inhalt, ist eine Nachahmung dieser ersten Vorstellungen. Zeit Raum und Kausalität, sodann die Urphantasie der Übertragungen in Bilder: das erste giebt die Materie, das zweite die Qualitäten, an die wir glauben. Gleichniß der Musik. Wie kann man von ihr reden?« (zit. nach Kommentar, KSA 14, S. 114).

23,6 *Columbarium:* vgl. Anm. zu 17,12.

23,15 f. *Thurmbau der Wissenschaft:* Eine Referenz auf die alttestamentliche Geschichte vom Turmbau zu Babel (Gen. 11,1–9), der völlige Sprachverwirrung zur Folge hatte.

23,21 *Schildzeichen:* Wappen.

23,28 f. *ein neues Bereich:* hier das seltenere, aber ebenfalls korrekte Neutrum (»das Bereich«).

24,14–18 *»Wenn ein Handwerker … er sei Handwerker«:* Das Original-Zitat findet sich in Nietzsches Ausgabe der *Gedanken, Fragmente und Briefe Pascals*, Bd. 2, S. 85 f.

24,22 f. *Wenn jeder Baum einmal als Nymphe reden:* Gemeint sind Dryaden, also Wald- oder Baumnymphen in der griechischen Mythologie, die zusammen mit ihrem Baum leben und auch sterben.

24,23 f. *unter der Hülle eines Stieres ein Gott Jungfrauen wegschleppen kann:* Zeus, so der Mythos, verliebte sich in Europa, die Tochter des phönizischen Königs Agenor. Er verwandelte sich in einen schönen und sanftmütigen Stier und entführte Europa über das Meer hinweg nach Kreta. Dort angekommen, nahm er wieder seine eigentliche Gestalt an. Europa wurde seine Geliebte; sie zeugten Minos, Rhadamanthys und Sarpedon.

24,25–27 *wie sie mit einem schönen Gespann ... durch die Märkte Athens fährt:* Der Tyrann Pisistratus (oder auch Peisistratos, wohl 600 bis 528/27 v. Chr.) verschaffte sich die Macht in Athen, indem er – so erzählt es der Geschichtsschreiber Herodot – eine als Athene verkleidete Frau auf einem Wagen durch die Stadt fahren ließ. Die Bürger nahmen an, es handelte sich tatsächlich um die Schutzgöttin der Stadt, interpretierten dies als Zeichen und akzeptierten daraufhin den Tyrannen als ihren Herrscher (vgl. Herodot, *Die Bücher der Geschichte*, übers. und eingel. von Walther Sontheimer, Stuttgart 1980, S. 29 f. [I, 60]). – Zu Pisistratus finden sich in Nietzsches nachgelassenen Fragmenten weitere Überlegungen (vgl. im hier relevanten Zeitraum etwa NFa, KSA 7, S. 31 oder S. 401).

25,3 *Rhapsode:* Ein für Nietzsche zentraler Dichtertypus, mit dem er sich im hier relevanten Zeitraum mehrfach und an unterschiedlichen Stellen auseinandersetzte, zumal in seinen Überlegungen zu Homer. – Eine besonders prägnante Formulierung stammt aus dem Zeitraum Sommer 1871 bis Frühjahr 1872: »Der Rhapsode als δημιουργός [Handwerker; K. S.] der Kunst – als eigentliches Genie kommt er nicht in Betracht, sondern dann verschmilzt er mit dem Urheros aller Poesie, Homer. Sonderbar. Sie wehren dem dichterischen Individuum die Existenz [...]. Der Wettkampf zeichnet die Handwerker aus. Nur wo es ein Handwerk giebt, giebt es Wettkampf. Wahrhaft individuell lebendig sind nur die Heroen. In ihnen erkennt sich die Gegenwart wieder und lebt in ihnen fort. Seit wann entsteht das Individuum bei den Griechen?« (NFa, KSA 7, S. 396)

25,7 *enthoben:* von ihm befreit.

25,8 f. *Saturnalien:* Römische Festtage zu Ehren des Gottes Saturn, die über mehrere Tage nach dem 17. Dezember (der letzten Aussaat) begangen wurden. In diesem Rahmen wurden die Standesunterschiede zeitweise aufgehoben; dies bedeutete auch die zeitlich befristete Gleichstellung der Sklaven, was mitunter in eine regelrecht karnevalistische Vertauschung der Rollen mündete (vgl. hierzu eingehender das Nachwort, S. 93).

26,18 *»überfroher Held«:* Verweis auf Richard Wagners (1813–1883) ›Bühnenfestspiel‹ *Der Ring des Nibelungen.* In der *Götterdämme-*

rung wendet sich Gunther mit diesem emphatischen Ausspruch an Siegfried (vgl. Richard Wagner, *Gesammelte Schriften und Dichtungen. Sechster Band*, Leipzig 1872, S. 344). Eine ähnliche Formulierung findet sich im *Siegfried*; hier sagt Brünnhilde über den Protagonisten, er sei »froh und heiter ein Held!« (ebd., S. 242).

26,22 *Widerspiel:* Gegner.

26,31–27,1 *olympische Wolkenlosigkeit:* In der *Odyssee* heißt es vom Olymp, er sei »ewig der Götter sicherer Sitz [...] / [...], den weder die Winde erschüttern, noch Regen / Je befeuchtet, noch Schnee umstöbert. / Heitere Helle / breitet sich wolkenlos, und Glanz läuft schimmernd darüber / [...]« (Homer, *Odyssee*, übers. von Roland Hampe, Stuttgart 1995, S. 91 [IV, 42–45]). – Textintern verweist Nietzsche hiermit zurück auf die obige Rede vom »Wolkenkukuksheim« (s. Anm. zu 14,17).

27,15 *stoische:* hier: der nicht zu erschütternde, gleichbleibend ruhige.

27,25 *unter ihr davon:* Entwurf einer Fortsetzung in der Vorschrift: »Für beide ist die folgenlose Wahrheit gleichgültig: der Philosoph erscheint wunderbar. Der Philosoph als Abnormität. Daher als einsamer Wanderer. Also im Grund zufällig in seinem Volke? Wo er sich gegen die Kultur wendet, dann zerstörend. Nachzuweisen daß die griechischen Philosophen nicht beliebig griechisch sind« (zit. nach Kommentar, KSA 14, S. 114).

Über das Pathos der Wahrheit

31,22 *Pleonasmus:* Häufung sinngleicher und sinnähnlicher Ausdrücke.

32,17 *das Gemeine:* das Normale.

33,27 *Fittigen:* Flügeln.

34,3 *Heraklit:* auch Herakleitos (lebte und wirkte um 500 v. Chr.), ein vorsokratischer, aus Ephesos stammender Philosoph.

34,11 *Pythagoras:* Pythagoras von Samos (ca. 570–490 v. Chr.), vorsokratischer Philosoph, Gründer der einflussreichen pythagoreischen Schule.

34,12 *Empedokles:* Empedokles von Agrigent (ca. 495–435 v. Chr.), vorsokratischer Philosoph, Redner, Dichter und Politiker.

34,28 *Larve:* Maske des antiken Schauspielers (vgl. zur Bedeutung des Masken-Motivs in *Über Wahrheit und Lüge im aussermoralischen Sinne* Anm. zu 10,21 f.; dort mit weiterführender Literaturangabe).

35,13 *»erkenne dich selbst«:* Berühmte Inschrift am Apollotempel von Delphi (gr. *Γνῶθι σεαυτόν*), einer der zentralen Leitsätze der antiken griechischen Philosophie.

35,16 *Sibylle:* Seherin in der antiken römisch-griechischen Kultur.

36,25 f. *Thiere, die das Erkennen erfunden hatten:* vgl. hier den Anfang des Essays *Über Wahrheit und Lüge im aussermoralischen Sinne* (S. 9).

37,7 *Neubegier:* vgl. Anm. zu 11,13.

Darstellung der antiken Rhetorik

38,12–15 *Das hat ... gebildet hat:* Tatsächlich war Nietzsche einer der ersten, der auf diesen heute weithin etablierten Umstand der antiken Kultur hingewiesen hat (vgl. Stephan Busch, »Lautes und leises Reden in der Antike«, in: *Rheinisches Museum für Philologie, Geschichte und griechische Philosophie* 145 [2002], S. 1–45, hier: S. 2).

39,13–16 *Der sprachbildende ... von Empfindungen:* Der Satz geht z. T. wörtlich auf Gerber zurück: »Wir fassen also nicht Dinge auf, oder Vorgänge, sondern Reize; wir geben nicht Empfindungen wieder, sondern Bilder von Empfindungen« (Gerber, *Sprache als Kunst*, S. 159). – Die weiteren, zahlreichen und immer wieder wörtlichen Übernahmen aus *Die Sprache als Kunst* werden im Folgenden nicht im Einzelnen nachgewiesen (bis auf eine bedeutsame Ausnahme, vgl. Anm. zu 41,30–42,4). Vgl. hier die detaillierte Auflistung der Überschneidungen bei Anthonie Meijers / Martin Stingelin, »Konkordanz zu den wörtlichen Abschriften und Übernahmen von Beispielen und Zitaten aus Gustav Gerber: *Die Sprache als Kunst* (Bromberg 1871) in Nietzsches Rhetorik-Vorlesung und in *Über Wahrheit und Lüge im außermoralischen Sinne*«, in: *Nietzsche-Studien* 17 (1988) S. 350–368.

39,27 *πιθανόν:* von Adj. πιθανός: wahrscheinlich. Gemeint ist hier der Gegensatz zu der darauf genannten *δόξα* (Anm. zu 40,3), also die ›Wahrscheinlichkeit‹.

40,3 *δόξα:* Meinung, Wahn, Schein.

ἐπιστήμη: Wissen, das auf wissenschaftlichem Wege beweisbar ist.

40,30 *qua ex re:* aufgrund dieser Sache. Dahinter steht aber auch eine zeitliche bzw. räumliche Auffassung: nach dieser Sache, aus dieser Sache.

hinc: daher, räumlich: von hier, zeitlich: danach.

inde: daher, räumlich: von da, zeitlich: seitdem.

ὅθεν: Hier – im Zusammengang mit »qua ex re« – im kausalen Sinne verstanden: daher, räumlich: von da.

40,30 f. *εἰς τί:* wozu, räumlich: wohin, zeitlich: bis wann.

41,7 *λεύσσω:* schauen, sehen.

lux: Licht, auch: helle Reflexion, Augenlicht.

luceo: leuchten.

celare: verbergen, verheimlichen, täuschen (z. B. durch Verkleidung). Hier ergibt sich ein Rückbezug zu der oben genannten Larve – der Maske des antiken Schauspielers (s. Anm. zu 34,28).

41,7 f. *μήν mensis mânôt:* Monat, Mond (*mânôt* ist mhd.).

41,18 *Rede nennt:* Hier findet sich der einzige sinnverändernde Unterschied zur Edition dieses Vorlesungsabschnitts in der *Kritischen Gesamtausgabe,* in der es heißt: »Eigentlich ist alles Figuration, was man gewöhnliche [!] Rede nennt« (Friedrich Nietzsche, »Darstellung der antiken Rhetorik«, in: *Nietzsche Werke. Kritische Gesamtausgabe,* begr. von Giorgio Colli und Mazzino Montinari, weitergeführt von Wolfgang Müller-Lauter und Karl Pestalozzi, Abt. II, Bd. 4: *Vorlesungsaufzeichnungen* [*WS 1871/72 – WS 1874/75*], bearb. von Fritz Bornmann und Mario Carpitella, Berlin / New York 1995, S. 415–502, hier: S. 427.).

41,21 *σχήματα:* Plural von *σχῆμα.* Hier wohl im Sinne von ›Figur‹ (vgl. die Wendung im übernächsten Satz: »Eine Figur, welche keine Abnehmer findet, wird Fehler«).

virtus: Ein vieldeutiger Begriff, der hier wohl im Sinne von ›Befähigung‹ oder ›Stärke‹ verstanden wird.

41,23 f. *Solöcismen:* grobe sprachliche Fehler, v.a. im Bereich der Syntax.

41,27 *ῥήτορες:* Plural von *ῥήτωρ:* Redner, Rhetor.

τὰ ἴσα σχήματα: die gleichen Figuren (so man hier wiederum von ›Figur‹ im Sinne der Anm. zu 41,21 ausgeht).

41,27 f. *παρισώσεις:* rhetorische Figur: Silbengleichzahl.

41,28 *Gorgias:* Gorgias von Leontinoi (ca. 480–380 v. Chr.) war ein Philosoph, ein bekannter Redner und Rhetoriklehrer im antiken Griechenland. Platon lässt Gorgias in einem gleichnamigen Dialog auftreten.

41,30–42,4 *Luther tadelt ... nach πάθος:* Die gesamte Passage ist inhaltlich übernommen von Gerber: »Nach unserem Sprachgefühl bedünkt uns oft, dass Wörter von verhältnismässig geringem Alter von je dagewesen wären, aber ›furchtlos‹ ist z. B. erst von Simon Dach eingeführt, und auf manche Ausdrücke sind wir erst durch Übersetzungen aus anderen Sprachen gekommen. Pott (Etymologische Forschungen [2. Aufl.] Bd. 1, S. 265) führt an, dass die Übersetzung von Yorick's Sentimental journ. 1768 [gemeint ist Johann Christoph Bodes Übersetzung von Laurence Sternes bekanntem Roman unter dem Titel *Yoricks empfindsame Reise durch Frankreich und Italien*; K. S.] das Wort ›empfindsam‹ brachte, dass ›Umsicht‹ als Übersetzung von circumspectio von 1794 datirt; dass erst seit Ch. Wolf [sic!] das Wort ›Leidenschaft‹ (nach πάθος) Bürgerrecht erhalten; dass Luther noch als neue Wörter tadelte: beherzigen, behändigen, erspriesslich« (Gerber, *Sprache als Kunst*, S. 436 f.).

42,4 f. *Enallage, Hypallage:* Vertauschungsfiguren in der klassischen Rhetorik. Verschiebung eines Wortes, meist eines Attributes, innerhalb der Syntax, so dass es beim eigentlich ›falschen‹ Bezugswort steht.

42,7 *figurae sermonis:* Redewendungen.

Wie die »wahre Welt« endlich zur Fabel wurde

43,2 *königsbergisch:* Kant – als Hauptvertreter der Aufklärungsphilosophie, um die es Nietzsche hier geht – lebte und starb in Königsberg.
43,13 *bon sens:* gesunder Menschenverstand.
43,22 *Incipit Zarathustra:* »Es beginnt Zarathustra«.

Nachgelassenes Fragment (Sommer – Herbst 1884)

43,28 *pro memoria:* hier im Sinne von ›zu erinnernder Wahlspruch‹.
44,9 *Hypokriten:* Heuchler.

Literaturhinweise

Texte der Kritischen Studienausgabe von Nietzsches Werken (KSA), aus denen in dieser Ausgabe zitiert oder auf die rekurriert wird, werden mit folgenden Siglen (zuzüglich der entsprechenden Angabe des Bandes) angegeben:

Siglen

GT	*Die Geburt der Tragödie*
PhG	*Die Philosophie im tragischen Zeitalter der Griechen*
CV	*Fünf Vorreden zu fünf ungeschriebenen Büchern*
MA I; II	*Menschliches, Allzumenschliches I* und *II*
FW	*Die fröhliche Wissenschaft*
GD	*Götzen-Dämmerung*
NFa	Nachgelassene Fragmente 1869–1874
NFb	Nachgelassene Fragmente 1884–1885
Kommentar	Kommentar zu den Bänden 1–13 der KSA

Aus den folgenden, mehrfach verwendeten Werken wird im Kommentarteil und im Nachwort mit Siglen zitiert. Der Asterisk markiert solche Werke, die Bestandteile der Nachlass-Bibliothek Nietzsches sind (hierbei berufe ich mich auf die Angaben in Giuliano Campioni / Paolo D'Iorio [u. a.]: *Nietzsches persönliche Bibliothek*, Berlin / New York 2003). An den Stellen, wo es weniger auf philologisch rekonstruierbare Referenzen ankommt, wurde auf Standardausgaben zurückgegriffen:

Gerber, *Sprache als Kunst*	Gustav Gerber: *Die Sprache als Kunst.* Bd. 1. Bromberg 1871.
Lichtenberg, *Schriften*	*Georg Christoph Lichtenberg's Vermischte Schriften.* Bd. 1. Göttingen 1867.*
Nietzsche-Hb.	*Nietzsche-Handbuch. Leben – Werk – Wirkung.* Hrsg. von Henning Ottmann. Stuttgart/Weimar 2000.

Pascal, *Gedanken, Fragmente und Briefe*	Blaise Pascal: *Gedanken, Fragmente und Briefe.* 2. Aufl. 2 Tle. Leipzig 1865.*
Schopenhauer, *Werke*	*Arthur Schopenhauers Werke in fünf Bänden.* Nach den Ausgaben letzter Hand hrsg. von Ludger Lütkehaus. Zürich 1988.
Kant, *Kritik der reinen Vernunft*	Immanuel Kant: *Kritik der reinen Vernunft.* Hrsg. von Ingeborg Heidemann. Stuttgart 1966.

Für das vertiefende Studium sei hier außerdem der von Sarah Scheibenberger erarbeitete Kommentar zu Nietzsches Frühschrift vermerkt, der 2016 als Band 1/3 des *Historischen und kritischen Kommentars zu Friedrich Nietzsches Werken* (hrsg. von der Heidelberger Akademie der Wissenschaften) erschienen ist.

Auswahlbibliographie

Eine umfangreiche und regelmäßig aktualisierte Bibliographie zum Werk und Leben Nietzsches sowie zu seiner Schrift *Über Wahrheit und Lüge im aussermoralischen Sinne* findet sich als Online-Angebot auf der Website der Klassik Stiftung Weimar (unter der Adresse oraweb.swkk.de/swk-db/niebiblio). Die folgende Literaturliste beschränkt sich auf einige einschlägige bzw. neuere Forschungsbeiträge, die sich im Schwerpunkt mit Nietzsches früher Schrift auseinandersetzen; nur z. T. wurden auch Beiträge aufgenommen, in denen Nietzsches Sprachkritik im Allgemeinen verhandelt wird. Ergänzend zu dieser Literaturliste sei außerdem auf den Fußnoten-Apparat des Nachworts verwiesen.

Andresen, Joshua: Truth and illusion beyond falsification. Re-reading *On truth and lie in the extra-moral sense.* In: Nietzsche-Studien 39 (2010) S. 255–281.

Behler, Ernst: Die Sprachtheorie des frühen Nietzsche«. In: ›Centauren-Geburten‹. Wissenschaft, Kunst und Philosophie beim jungen

Nietzsche. Hrsg. von Tilman Borsche [u. a.]. Berlin / New York 1994. S. 99–111.

Berry, Jessica N.: Skepticism in Nietzsche's earliest work. Another look at Nietzsche's *On truth and lies in an extra-moral sense.* In: International studies in philosophy 38 (2006) H. 3. S. 33–48.

Böning, Thomas: Metaphysik, Kunst und Sprache beim frühen Nietzsche. Berlin / New York 1988.

Borsche, Tilman: Natur-Sprache. Herder – Humboldt – Nietzsche. In: ›Centauren-Geburten‹. Wissenschaft, Kunst und Philosophie beim jungen Nietzsche. Hrsg. von Tilman Borsche [u. a.]. Berlin / New York 1994. S. 112–130.

– Wahrsprechen, lügen und glauben. In: Nietzsche-Studien 48 (2019) S. 84–98.

Clark, Maudemarie: Nietzsche on truth and philosophy. New York / Port Chester 1990.

Colli, Giorgio / Montinari, Mazzino: [Kommentar zu] Ueber Wahrheit und Lüge im aussermoralischen Sinne. In: Friedrich Nietzsche: Sämtliche Werke. Kritische Studienausgabe. Hrsg. von Giorgio Colli [u. a.]. Bd. 14: Kommentar zu Band 1–13. München 1980. S. 113–114.

Colony, Tracy: Representation and Metaphor in Nietzsche's *On Truth and Lie in the extra-moral Sense.* In: Neuere Beiträge zur Nietzsche-Forschung. Bd. 2. Hrsg. von Sabine S. Gehlhaar. Cuxhaven/ Dartford 2000. S. 195–202.

Crawford, Claudia: The Beginnings of Nietzsche's Theory of Language. Berlin / New York 1988.

Endres, Martin: Le vérité menteuse. Nietzsches *Ueber Wahrheit und Lüge im aussermoralischen Sinne* im Horizont von Lacans Wahrheitsdenken. In: Nietzsches Philosophie des Unbewussten. Hrsg. von Jutta Georg [u. a.]. Berlin/Boston 2012. S. 207–213.

Fietz, Rudolf: Am Anfang ist Musik. Zur Musik und Sprachsemiotik des frühen Nietzsche. In: ›Centauren-Geburten‹. Wissenschaft, Kunst und Philosophie beim jungen Nietzsche. Hrsg. von Tilman Borsche [u. a.]. Berlin / New York 1994. S. 144–166.

Gentili, Carlo: Quid est veritas? Skeptische Implikationen von *Über Wahrheit und Lüge im außermoralischen Sinne.* In: Nietzsche-Studien 52 (2023) S. 77–98.

Gustafsson, Lars: Sprache und Lüge. Drei sprachphilosophische Extremisten: Friedrich Nietzsche, Alexander Bryan Johnson, Fritz Mauthner. Aus dem Schwedischen von Susanne Seul. München/Wien 1980.

Hödl, Hans Gerald: Nietzsches frühe Sprachkritik. Lektüren zu *Ueber Wahrheit und Lüge im aussermoralischen Sinne* (1873). Wien 1997.

Kaiser, Stefan: Über Wahrheit und Klarheit. Aspekte des Rhetorischen in *Ueber Wahrheit und Lüge im aussermoralischen Sinne*. In: Nietzsche-Studien 23 (1994) S. 65–78.

Meijers, Anthonie: Gustav Gerber und Friedrich Nietzsche. Zum historischen Hintergrund der sprachphilosophischen Auffassungen des frühen Nietzsche. In: Nietzsche-Studien 17 (1988) S. 369–390.

– / Stingelin, Martin: Konkordanz zu den wörtlichen Abschriften und Übernahmen von Beispielen und Zitaten aus Gustav Gerber: *Die Sprache als Kunst* (Bromberg 1871) in Nietzsches Rhetorik-Vorlesung und in *Über Wahrheit und Lüge im außermoralischen Sinne*. In: Nietzsche-Studien 17 (1988) S. 350–368.

– Reiz – Bild – unbewusste Anschauung: Nietzsches Auseinandersetzung mit Hermann Helmholtz' Theorie der unbewussten Schlüsse in *Über Wahrheit und Lüge im aussermoralischen Sinne*. In: Nietzsche-Studien 33 (2004) S. 351–372.

Neymeyr, Barbara: Kalkulierte Paradoxa und subversive Synthesen. Zum Erkenntnispotenzial von Nietzsches Experimental-Metaphorik seit der Frühschrift *Über Wahrheit und Lüge im außermoralischen Sinne*. In: Epoche und Metapher. Systematik und Geschichte kultureller Bildlichkeit. Hrsg. von Benjamin Specht. Berlin/Boston 2014. S. 232–254.

Queloz, Matthieu: Nietzsche's English Genealogy of Truthfulness. In: Archiv für Geschichte der Philosophie 103 (2021) H. 2. S. 341–363.

Reuter, Sören: An der »Begräbnisstätte der Anschauung«. Nietzsches Bild- und Wahrnehmungstheorie in *Ueber Wahrheit und Lüge im aussermoralischen Sinne*. Basel 2009.

Scherübl, Florian: Die ver(all)gemeinerte Welt der Zeichen. Perspektivismus und Verständlichkeit im Aph. 354 der Fröhlichen Wissenschaft und *Über Wahrheit und Lüge im außermoralischen Sinne.* In: Nietzscheforschung 25 (2018) S. 273–284.

Simon, Josef: Der Name ›Wahrheit‹. Zu Nietzsches früher Schrift *Über Wahrheit und Lüge im außermoralischen Sinne.* In: »Jedes Wort ist ein Vorurteil«. Philologie und Philosophie in Nietzsches Denken. Hrsg. von Manfred Riedel. Köln [u. a.] 1999. S. 77–93.

Stingelin, Martin: »Unsere ganze Philosophie ist Berichtigung des Sprachgebrauchs«. Friedrich Nietzsches Lichtenberg-Rezeption im Spannungsfeld zwischen Sprachkritik (Rhetorik) und historischer Kritik (Genealogie). München 1996.

Tebartz-van Elst, Anne: Ästhetischer Weltbezug und metaphysische Realität. Zur epistemischen Funktion der Metapher bei Nietzsche. In: Nietzsche oder Die Sprache ist Rhetorik. Hrsg. von Josef Kopperschmidt [u. a.]. München 1994. S. 109–126.

Thalken, Michael: Ein bewegliches Heer von Metaphern. Sprachkritisches Sprechen bei Friedrich Nietzsche, Gustav Gerber, Fritz Mauthner und Karl Kraus. Frankfurt a. M. [u. a.] 1999.

Für Hinweise und Anregungen danke ich Christian Benne, Philipp Böttcher, Ian Cooper, Heinrich Detering, Christoph Jürgensen, Tom Kindt, Tina Lütje, Johannes Park, Carlos Spoerhase und Mareike Timm.

Nachwort

Friedrich Nietzsche (1844–1900) ist ein Philosoph der Sprache – und dies gilt im doppelten Wortsinne: Einerseits treibt ihn kaum ein anderes Thema so nachhaltig und tiefgreifend um wie das der Sprache: angefangen bei seinen Arbeiten als Baseler Professor für Klassische Philologie (1869–1879) und verschiedenen Reflexionen im Umfeld der *Geburt der Tragödie* (1872) über die schillernde Aphoristik der *Fröhlichen Wissenschaft* (1882) bis zur selbstbezüglichen Schreibpraxis der späten Autobiographie *Ecce homo* (entstanden 1888/89). Hieraus erklärt sich andererseits seine nicht minder beharrliche Auseinandersetzung mit der sprachlichen Bedingtheit des eigenen Denkens und dessen Vermittlung, aus der eine unverwechselbare Form und ein hochindividueller Stil seiner Werke resultieren.

Angesichts der gewichtigen Bedeutung der Sprache für die Philosophie wie für das Philosophieren Nietzsches erstaunt die Verstreutheit seiner sprachphilosophischen Äußerungen – in einzelnen Werkabschnitten, Notizen und Fragmenten, in Aufzeichnungen und Aphorismen. Tatsächlich gibt es nur eine einzige und überdies recht kurze Schrift, die sich im Sinne eines Gesamtentwurfs mit der Entstehung der Sprache und ihrer Relevanz für die menschliche Selbst- und Welterkenntnis befasst: die von Nietzsche im Sommer 1873 fertiggestellte Abhandlung *Über Wahrheit und Lüge im aussermoralischen Sinne.* Aufgrund dieser werkgeschichtlichen Sonderstellung handelt es sich um einen Schlüsseltext, der nicht allein für das Verständnis der lebenslangen Sprachreflexionen, sondern der gesamten Philosophie Nietzsches von eminenter Bedeutung ist: Sei-

Friedrich Nietzsche als Professor der Klassischen Philologie an der Universität Basel, Dezember 1872.

ne epochale Kritik an der (christlichen) Moral ebenso wie das Vorhaben einer ›Umwertung aller Werte‹ beruhen nicht zuletzt auf den in *Über Wahrheit und Lüge* entfalteten Thesen.

Um einen Schlüsseltext handelt sich aber auch in literatur- und ideengeschichtlicher Hinsicht. Zunächst stellt Nietzsches Schrift eine der wirkmächtigsten Manifestationen der sogenannten Sprachkrise in den Jahrzehnten um 1900 dar, deren weitreichende Folgen insbesondere für die Literatur der Moderne unübersehbar sind. Später dann – in der zweiten Hälfte des 20. Jahrhunderts – gehören Nietzsches Überlegungen für die einflussreichsten Vertreter des Poststrukturalismus zum intellektuellen Grundinventar: Es ist wesentlich ihrer Vermittlung zu verdanken, dass Sätze wie ›Wahrheiten sind Metaphern, die abgenutzt und sinnlich kraftlos geworden sind‹, zu selbstverständlichen Redensarten des internationalen Postmoderne-Diskurses werden konnten.[1]

Nietzsches Abhandlung sei hier – im Sinne einer allgemeinen Einführung, die bestenfalls zu weiteren und vertiefenden Lektüren anregt – von drei Seiten aus erhellt: erstens in ihrer Entstehung, ihren Quellen und Einflüssen; zweitens in ihrem Inhalt und ihrer Argumentation; drittens in ihrer Rezeption und Wirkung.[2]

1 Zum Beispiel im Interview mit Susan Sontag, *The Doors und Dostojewski. Das Rolling-Stone-Interview mit Jonathan Cott*, aus dem Englischen von Georg Deggerich, Hamburg 2014, S. 81 f.

2 Die umfangreiche Forschungsliteratur zu *Über Wahrheit und Lüge* im Besonderen wie zur Sprachphilosophie Nietzsches im Allgemeinen kann im Rahmen dieses Nachworts nur sehr ausschnitt-

Entstehung, Quellen und Einflüsse

Die nur wenige Seiten umfassende Schrift *Über Wahrheit und Lüge im aussermoralischen Sinne* ist im Umfeld dreier Arbeiten entstanden, die Nietzsche in den frühen 1870er Jahren beschäftigten. Dabei handelte es sich zum einen um die ersten beiden *Unzeitgemäßen Betrachtungen* (*David Strauß, der Bekenner und Schriftsteller* erscheint im Jahr 1873, *Vom Nutzen und Nachtheil der Historie für das Leben* wird im Herbst desselben Jahres begonnen), zum anderen um die Studie *Die Philosophie im tragischen Zeitalter der Griechen*. Schließlich bereitete Nietzsche in dieser Zeit im Rahmen seiner Professur für Klassische Philologie eine Vorlesung über antike Rhetorik vor. Die einschlägige Forschung hat das »biographische und werkgeschichtliche Setting«,[3] in dem Nietzsches Abhandlung entsteht, in aller Ausführlichkeit rekonstruiert, so dass hier nur einige wesentliche Aspekte angeführt seien.

Vor allem Nietzsches Vorlesung vom Sommer 1874 zur *Darstellung der antiken Rhetorik* ist im engsten Zusammenhang mit der Schrift *Über Wahrheit und Lüge* zu sehen: Das Verständnis der Sprache als einer unbewussten ›Kunst‹ wie auch die Überzeugung, die Sprache könne das Wesen der Dinge niemals angemessen zum Ausdruck bringen – diese Grundansichten finden sich sowohl in Nietzsches Abhandlung als auch in seiner Vorlesung. Zudem wird auch

haft zur Kenntnis gebracht werden; für weiterführende Lektürehinweise sei auf die angefügte Auswahlbibliographie verwiesen.

3 So der Titel des einschlägigen Kapitels bei Hans Gerald Hödl, *Nietzsches frühe Sprachkritik. Lektüren zu »Ueber Wahrheit und Lüge im aussermoralischen Sinne« (1873)*, Wien 1997, S. 36–69.

in ihr der rhetorische Charakter aller Sprache betont, was wiederum einhergeht mit einer kurzen Erläuterung der wichtigsten Tropen: Metapher, Metonymie, Synekdoche.[4] (Der hier entscheidende und höchst aufschlussreiche § 3 über das »Verhältniss des Rhetorischen zur Sprache« ist im Anhang nachzulesen, vgl. S. 38–42.)

Die wichtigste Quelle für die Abhandlung und die Vorlesung bildet die zwischen Sprachwissenschaft und Sprachphilosophie angesiedelte Studie *Die Sprache als Kunst* (1871)[5] des heute weithin unbekannten Bromberger Schuldirektors und Philosophen Gustav Gerber (1820–1901), die Nietzsche im hier einschlägigen Zeitraum nachweislich aus der Baseler Universitätsbibliothek entliehen hat und zumindest in seiner Vorlesung auch explizit anführt.[6] Die sich in Vorlesung und Abhandlung mitunter überschneidenden Referenzen auf Gerbers Buch, die z. T. bis in einzelne Formulierungen hineinreichen, sind im Kommentarteil dieser Ausgabe exemplarisch dokumentiert.[7]

4 Vgl. ebd., S. 40–44, insb.: S. 41 f. – Vgl. zum Kontext ›Nietzsche und die Rhetorik‹ die Aufsätze in Josef Kopperschmidt / Helmut Schanze (Hrsg.), *Nietzsche oder »Die Sprache ist Rhetorik«*, München 1994. – Zu der Konstellation ›Nietzsche und die Philologie‹ s. Christian Benne, *Nietzsche und die historisch-kritische Philologie*, Berlin / New York 2005.

5 Gerber, *Sprache als Kunst*, S. 174.

6 Vgl. Luca Crenscenzi, »Verzeichnis der von Nietzsche aus der Universitätsbibliothek in Basel entliehenen Bücher (1869–1879)«, in: *Nietzsche-Studien* 23 (1994) S. 388–442, insb.: S. 418.

7 Vgl. hierzu en détail Anthonie Meijers / Martin Stingelin, »Konkordanz zu den wörtlichen Abschriften und Übernahmen von Beispielen und Zitaten aus Gustav Gerber: *Die Sprache als Kunst* (Bromberg 1871) in Nietzsches Rhetorik-Vorlesung und in *Über*

Die Schriften von Georg Christoph Lichtenberg (1749–1799) sind für Nietzsches frühe Sprachphilosophie von ähnlich großer Bedeutung. Dies zeigt sich schon daran, dass in *Über Wahrheit und Lüge* die Bezüge auf Gerber und Lichtenberg mitunter fugenlos ineinander aufgehen, was entsprechende Erkennbarkeits- und Unterscheidungsprobleme nach sich zieht. So heißt es bei Nietzsche an einer Stelle:

> »Wie dürften wir, wenn die Wahrheit bei der Genesis der Sprache, der Gesichtspunkt der Gewissheit bei den Bezeichnungen allein entscheidend gewesen wäre, wie dürften wir doch sagen: der Stein ist hart: als ob uns ›hart‹ noch sonst bekannt wäre und nicht nur als eine ganz subjektive Reizung!« (hier S. 13)

In Gerbers *Sprache als Kunst* liest man eine Wendung, die mit Nietzsches Formulierung auf lexikalischer und prosodischer Ebene weitgehend übereinstimmt. Die Bezugnahme zeigt sich im Detail – in einer ähnlichen Interpunktion, die den Satzrhythmus reguliert, in der gemeinsamen Verwendung der ersten Person Plural (Nietzsche: »wie dürften wir doch sagen:« / Gerber: »Wir sagen also:«) sowie in gleichermaßen konjunktivischen Formulierungen (Nietzsche: »als ob uns ›hart‹ noch sonst bekannt wäre« / Gerber: »als ob die Härte etwas Anderes wäre«). Die Passage im Ganzen:

> »Wir sagen also z. B.: […] der Stein i s t h a r t, als ob die Härte etwas Anderes wäre, als ein Urtheil von uns; wir

Wahrheit und Lüge im außermoralischen Sinne«, in: *Nietzsche-Studien* 17 (1988) S. 350–368.

sagen so: das Harz ist wohlriechend, die Blätter sind grün – lauter Uebertragungen von unserer Auffassung auf die Wesenheit der Dinge, nach einem, wie wir annehmen, selbstverständlichen Schlusse zu rechtfertigen.«[8]

In der Ausgabe der *Vermischten Schriften* Lichtenbergs wiederum, die Nietzsche selbst besessen und gründlich durchgearbeitet hat (wovon zahlreiche Lesespuren zeugen),[9] läßt sich eine Passage finden, die sich mit Nietzsches bzw. Gerbers Satz hinsichtlich ihrer Zeichensetzung und auch Wortwahl (»Wenn ich sage: dieser Stein ist hart«) ihrerseits überschneidet:

»Wenn ich sage: dieser Stein ist hart – also erst den Begriff Stein, der mehreren Dingen zukommt, diesem Individuo beilege; alsdann von Härte rede, und nun gar das Hartsein mit dem Stein verbinde – so ist dies ein solches Wunder von Operation, daß es eine Frage ist, ob bei Verfertigung manches Buches so viel angewandt wird.«[10]

Kreuzungen dieser Art erwecken den Eindruck, Nietzsche verfolge in seinem Essay stillschweigend einen ähnlichen

8 Gerber, *Sprache als Kunst*, S. 384.

9 Gründlich transkribiert bei Martin Stingelin, *»Unsere ganze Philosophie ist Berichtigung des Sprachgebrauchs«. Friedrich Nietzsches Lichtenberg-Rezeption im Spannungsfeld zwischen Sprachkritik (Rhetorik) und historischer Kritik (Genealogie)*, München 1996, S. 168–199.

10 Lichtenberg, *Schriften*, S. 87. – Vgl. dazu Stingelin (s. Anm. 9) S. 177.

Umgang mit fremdem Material, wie sie Thomas Mann in Bezug auf seinen *Doktor Faustus* (1947) einmal beschrieben hat: »Historisch gegeben und bekannt wie es ist, klebe ich es auf und lasse die Ränder sich verwischen«.[11]

Dieses – im Falle Nietzsches vermutlich unbewusste – ›Aufkleben‹ und ›Verwischen‹ der Bezüge darf allerdings nicht über einen wesentlichen Unterschied seiner Gerber- bzw. Lichtenberg-Rezeption hinwegtäuschen: Während Nietzsche Lichtenberg in seiner Argumentation fast Schritt für Schritt folgt, weicht er von Gerbers Positionen insofern deutlich ab, als er sie in zentralen Punkten zuspitzt;[12] und während die Wirkung Lichtenbergs auf Nietzsches Denken und Schreiben bis ins Spätwerk hinein anhalten wird, reicht Gerbers Bedeutung über das Frühwerk kaum hinaus.

Angesichts dieser Einschränkungen lässt sich die berechtigte Frage stellen, ob im Falle Gerbers anders als in Bezug auf Lichtenberg überhaupt von einem Einfluss im starken Sinne gesprochen werden kann: Zeigt sich am Umgang mit der *Sprache als Kunst* nicht vielmehr eine Tendenz des frühen Nietzsche zur »sophistischen und literarischen Aneignung philosophischer Thesen, je nach den Bedürfnissen der Argumentation«, wie Giorgio Colli im Nachwort zum ersten Band der *Kritischen Studienausgabe* behauptet?[13]

11 Theodor W. Adorno / Thomas Mann, *Briefwechsel 1943–1955*, hrsg. von Christoph Gödde [u. a.], Frankfurt a. M. 2002, S. 19.

12 Zusammengefasst finden sich diese Differenzen bei Martin Stingelin, [Art.] »Sprachphilosophie«, in: *Nietzsche-Hb.*, S. 424–426, insb.: S. 425.

13 KSA 1, S. 919 (Nachwort). – Vgl. in diesem kritischen Sinne auch Tilman Borsche, »Natur-Sprache. Herder – Humboldt – Nietzsche«, in: *›Centauren-Geburten‹. Wissenschaft, Kunst und Philo-*

Neben Gerbers Studie und Lichtenbergs Aphorismen sowie den für Nietzsches Philosophie insgesamt wegweisenden Leitfiguren Arthur Schopenhauer (1788–1860) und Immanuel Kant (1724–1804), auf die Nietzsche in seiner Schrift gleich mehrfach sowohl explizit als auch implizit verweist,[14] lässt sich über Johann Gottfried Herder (1744–1803), Johann Georg Hamann (1730–1788) und Wilhelm von Humboldt (1767–1835) als mögliche Impulsgeber und Einflussgrößen diskutieren. Die schwierige Frage allerdings, ob deren Sprachreflexionen vermittelt über Gerbers Studie auf Nietzsche eingewirkt haben[15] oder eher im Sinne einer »typologischen Verwandtschaft«[16] zu betrachten sind, bliebe im Vorfeld zu klären.

Eindeutiger lässt sich der Einfluss des Philosophen Friedrich Albert Lange (1828–1875) benennen, dessen *Geschichte des Materialismus* (1866) vor allem die Kant-Rezeption des jungen Nietzsche maßgeblich bestimmt. So lernt Nietzsche bei Lange einen »radikale[n] Kritizismus« kennen, dem zufolge wir keinerlei Zugang zu den »Dingen an sich« haben, was eine markante Pointierung der kantischen Erkenntnistheorie bedeutet. Darüber hinaus studiert Nietzsche bei Lange das evolutionäre Denken des Darwinismus, das in

sophie beim jungen Nietzsche, hrsg. von Tilman Borsche [u. a.], Berlin / New York 1994, S. 112–130, insb.: S. 118 ff.

14 Dies lässt sich im Anmerkungsapparat dieser Ausgabe nachvollziehen.

15 Hierfür plädiert u. a. Anthonie Meijers, »Gustav Gerber und Friedrich Nietzsche. Zum historischen Hintergrund der sprachphilosophischen Auffassungen des frühen Nietzsche«, in: *Nietzsche-Studien* 17 (1988), S. 369–390.

16 Borsche (s. Anm. 13) S. 121.

Über Wahrheit und Lüge an mehreren Stellen zum Tragen kommt, so etwa in der Auffassung des Menschen als eines ›klugen Tieres‹ oder auch in der Betonung des ›Kampfes‹ als eines anthropologischen Grundprinzips.[17] Schließlich wird er von Lange über die Notwendigkeit und den Sinn einer philosophischen Gesamtinterpretation der Wirklichkeit belehrt.[18] Aufgrund dieser mehrfachen und ausschlaggebenden Bezüge wird *Über Wahrheit und Lüge* mitunter als ein ›verdichtetes Referat‹[19] der Philosophie Langes eingestuft.

Auf der Grundlage von philosophischen und philologischen Aufzeichnungen, die in der Hauptsache auf den Sommer 1872 zurückgehen, diktierte Nietzsche seine Ab-

17 Zusammenfassend zu diesen Aspekten sowie zur Vermittlung des Darwinismus durch Lange Thomas H. Brobjer, [Art.] »Darwinismus«, in: *Nietzsche-Hb.*, S. 212 f. – Gelegentlich wird im Zusammenhang mit der Entstehung von *Über Wahrheit und Lüge* der russisch-ukrainische Philosoph African Spir (1837–1890) genannt, dessen Hauptwerk *Denken und Wirklichkeit. Versuch einer Erneuerung der kritischen Philosophie* (1873) Nietzsche kurz nach Erscheinen zur Kenntnis nahm. Sommer stellt diesbezüglich allerdings überzeugend fest: »*Wahrheit und Lüge im aussermoralischen Sinne* behauptet nicht mit Hilfe Spirs die Illusorität der Erscheinungswelt, sondern führt mit Hilfe Gustav Gerbers [...] eine kritische Untersuchung von der Struktur von Sprache und der Grenzen der Begriffe« (Andreas Urs Sommer, [Art.] »Philosphie und Theologie des 19. Jahrhunderts«, in: *Nietzsche-Hb.*, S. 412–422, insb.: S. 419). Darüber hinaus diskutiert Claudia Crawford (*The Beginning of Nietzsche's Theory of Language*, Berlin / New York 1988) den Einfluss von Eduard von Hartmanns *Philosophie des Unbewußten* (1869) auf Nietzsches frühe Sprachreflexionen.

18 Sommer (s. Anm. 17) S. 416 (dort auch weitere Literaturhinweise).

19 Vgl. George J. Stack, *Lange and Nietzsche*, Berlin / New York 1983, S. 20.

handlung im Juni 1873 seinem Freund Carl von Gersdorff (1844–1904).[20] Die Frage, warum Nietzsche sie nicht selbst niederschrieb, lässt sich nicht eindeutig beantworten: Vielleicht lag es an der »ersten Noth des neuen Semesters«, vielleicht auch an einer »plötzliche[n] und schmerzhafte[n] Augenschwäche«, wie er an Richard Wagner schrieb.[21] Sicher hingegen ist, dass Nietzsche selbst die Schrift nicht für die Veröffentlichung vorgesehen hat; in der Vorrede zum zweiten Band von *Menschliches, Allzumenschliches* (1886) bezeichnet er seine Abhandlung im Gestus einer Selbst-Mystifikation als ein »geheim gehaltenes Schriftstück«.[22] Warum er sich zeitlebens nicht zur Publikation entschließen konnte, obwohl er seinem Verleger Ernst Wilhelm Fritzsch (1840–1902) in Leipzig zunächst ein Druckmanuskript zugeschickt hatte – darüber lässt sich aber immerhin begründet spekulieren (es wird später darauf zurückgekommen). Erstmals gedruckt wurde die Schrift jedenfalls im Jahr 1896, und zwar im Rahmen der zwölfbändigen Gesamtausgabe (erschienen 1895–97), für die Fritz Koegel (1860–1904) als Herausgeber verantwortlich zeichnete.[23]

Nietzsches Abhandlung ist im Zusammenhang mit zahlreichen, wenn auch versprengten und z. T. nur im Nachlass befindlichen Aufzeichnungen zum Themenkomplex ›Spra-

20 Vgl. Kommentar, KSA 14, S. 113 und S. 106.

21 So Nietzsche in einem Brief an Richard Wagner vom 20. Mai 1873 (vgl. *Nietzsche Briefwechsel. Kritische Gesamtausgabe*, hrsg. von Giorgio Colli [u. a.], Abt. 2, Bd. 3, Berlin / New York 1978, S. 153 f., insb.: S. 154).

22 MA II, KSA 2, S. 370.

23 *Nietzsche's Werke* [hrsg. von Friedrich Koegel], Abt. 2, Bd. 10: *Schriften und Entwürfe 1872–1876*, Leipzig 1896, S. 161–179.

che‹, ›Wahrheit‹ und ›Erkenntnis‹ zu sehen, deren Analysen und Thesen sich im Laufe der Jahre durchaus wandeln.[24] Außerdem lassen sich einzelne Texte in mehr oder weniger direkter Beziehung zueinander ausmachen; drei von ihnen wurden in den Anhang dieser Ausgabe übernommen: Neben einem kurzen Nachlass-Fragment von 1884, in dem Nietzsche seine Frühschrift zu einem »private[n] Promemoria«[25] stilisiert, ist dies zum einen die kurze Schrift *Über das Pathos der Wahrheit* aus dem postum veröffentlichten Manuskript *Fünf Vorreden zu fünf ungeschriebenen Büchern*, das Nietzsche 1872 niederschrieb und Cosima Wagner (1837–1930) »in herzlicher Zuneigung« widmete.[26] Zum anderen handelt es sich um den 1888 entstandenen und in *Götzen-Dämmerung* (1889) aufgenommenen Text *Wie die »wahre Welt« endlich zur Fabel wurde*, der sich als rückblickende Neubewertung einiger Thesen aus *Über Wahrheit und Lüge* begreifen lässt.

Argumentation und Thesen

Um eine in sich geschlossene Argumentation, um unzweideutige Begriffsverwendungen und unbedingte Folgerichtigkeit – um solcherlei Grundtugenden der akademischen Philosophie schert sich Nietzsche allenfalls über kürzere

24 Eine Rekonstruktion und werkgeschichtliche Einbettung findet sich bei Daniela Langer, *Wie man wird, was man schreibt. Sprache, Subjekt und Autobiographie bei Nietzsche und Barthes*, München 2005, S. 50–64.

25 Hödl (s. Anm. 3) S. 52 f.

26 Vgl. ebd., S. 58–67.

Strecken seiner Abhandlung hinweg. Stattdessen folgt er weitgehend den unverbindlichen Regeln eines Essays. Dies zeigt sich nicht nur in einer spiralförmigen Argumentationsweise (dem Umkreisen derselben Argumente aus wechselnden Perspektiven mit steigendem Abstraktionsgrad), sondern auch im Hang zum Erzählerischen (besonders deutlich gleich zu Beginn in der »Fabel« von den klugen Erkenntnis-Tieren auf ihrem verschwindenden Planeten) sowie in zahlreichen Allegorien, Vergleichen und Metaphern, die immer wieder von hohem poetischem Reiz sind: Die Sprache der Menschen sei ein »Bau« wie aus »Spinnefäden«, so schreibt Nietzsche im Rückbezug auf ein philosophiegeschichtlich bedeutsames Motiv,[27] »so zart, um von der Welle mit fortgetragen, so fest, um nicht von dem Winde auseinander geblasen zu werden« (hier S. 18).

Nietzsche selbst hat eine treffende Umschreibung für dieses Argumentations- und Darstellungsverfahren geliefert – und zwar im Rahmen seiner Baseler Antrittsvorlesung über *Homer und die klassische Philologie* (1869), in der er über die zunächst denkbar fernliegende *Ilias* feststellt, sie sei »kein Ganzes, kein Organismus, sondern eine Auffädelung, ein Produkt der nach aesthetischen Regeln verfahrenden Reflexion«.[28] Für Nietzsches Essay gilt dies in nicht ge-

27 Vgl. Lutz Danneberg, »Probleme der Verknüpfung von Metaphern. Oder: Was haben Bacons, Humboldts und Nietzsches Spinnen miteinander zu tun? Mit einem Exkurs zur ›Wachsnase‹«, Version vom 5. 1. 2013, online unter: www.fheh.org/images/fheh/material/metaphspinn-v01.pdf, zu Nietzsche darin S. 60–68.

28 Friedrich Nietzsche, »Homer und die klassische Philologie. Ein Vortrag […]«, in: F. N., *Frühe Schriften*. Bd. 5: *Schriften der letzten*

ringerem Maße – und doch sollte das In- und Nebeneinander der unterschiedlichen Schreibbewegungen nicht dazu verleiten, der Schrift vorschnell ihre theoretische Würde abzusprechen. Nietzsches Argumentation in *Über Wahrheit und Lüge* bewegt sich auf (mindestens) drei locker miteinander verknüpften Ebenen, die dem Text eine gewisse Struktur geben – und sich im Einzelnen nachzeichnen lassen:

1. Beschreibung. Die Frage nach der Sprachentstehung und den erkenntnistheoretischen Implikationen der Sprache bildet den deskriptiv-analytischen Kern der Schrift. Dabei wirft Nietzsche den wesentlichen Frage- und Erklärungszusammenhang zunächst in äußerster Knappheit auf – »Was ist ein Wort? Die Abbildung eines Nervenreizes in Lauten« (hier S. 13) –, um diesen kurz darauf im Einzelnen aufzuschlüsseln:

> »Ein Nervenreiz zuerst übertragen in ein Bild! erste Metapher. Das Bild wieder nachgeformt in einem Laut! Zweite Metapher. Und jedesmal vollständiges Überspringen der Sphäre, mitten hinein in eine ganz andere und neue.« (hier S. 13)

Was in diesem Prozess der Sprachbildung verlorengeht, ist »das einmalige ganz und gar individualisirte Urerlebniss«, dem ein jedes Wort »sein Entstehen verdankt« (hier S. 14); was verlorengeht, ist der anfängliche »Nervenreiz«, der sich

Leipziger und der ersten Basler Zeit 1868–1896, hrsg. von Carl Koch [u. a.], München 1994, S. 283–305, insb.: S. 301.

zuerst in ein »Bild«, dann in einen »Laut« übersetzt, ohne das zwischen diesen einzelnen Stufen irgendein zwingender Zusammenhang bestünde: Nietzsche zufolge gibt es keinerlei innere Beziehung zwischen »Nervenreiz«, »Bild« und »Laut«; es handelt sich stets um eine »ganz andere und neue [Sphäre]« (hier S. 13).

Diesen Ablauf des ›Überspringens‹ begreift Nietzsche als einen zweistufigen Prozess der Metaphorisierung, der kein »Welt-Abbildungsverfahren, sondern ein (semantisches) Welt-Generierungs /-Interpretationsverfahren«[29] darstellt. Dabei legt er einen extrem weit gespannten Metaphernbegriff zugrunde, der im Lichte heute gängiger Metaphern-Theorien seltsam fremd erscheint: Er spricht von »kühnsten Metaphern« (ebd.) und verneint damit irgendeinen konventionell gegebenen Merkmalsdurchschnitt von Ausgangsterm und Zielterm, wodurch die Entschlüsselung der Metapher, ja selbst die Erkenntnis der Metapher als eine Metapher kaum noch möglich ist.[30]

In diesem Zusammenhang greift Nietzsche die traditionsreiche bereits in Platons *Kratylos* als einem Grün-

29 Erwin Schlimgen, [Art.] »Metapher«, in: *Nietzsche-Hb.*, S. 280 f., insb.: S. 280. – Anzumerken ist hier, dass der Metaphernbegriff fest zum Vokabular des frühen Nietzsche gehört. Diesbezüglich stellen seine Rhetorik-Vorlesung wie auch sein Essay *Über Wahrheit und Lüge* die wichtigsten Quellen dar.

30 Zur komplexen Stellung der Metapher in Nietzsches Sprachphilosophie vgl. Anne Tebartz-van Elst, »Ästhetischer Weltbezug und metaphysische Realität. Zur epistemischen Funktion der Metapher bei Nietzsche«, in: *Nietzsche oder »Die Sprache ist Rhetorik«*, hrsg. von Josef Kopperschmidt [u. a.], München 1994, S. 109–126.

dungsdokument der Sprachphilosophie verhandelte[31] Frage nach der Adäquation auf, nach dem Verhältnis also von gegebener Realität und sprachlicher Repräsentation: »[D]ecken sich die Bezeichnungen und die Dinge? Ist die Sprache der adäquate Ausdruck aller Realitäten?« (hier S. 12) Seine Antwort fällt – siehe oben – radikal negativ aus: Nein, von der Sprache führt keinerlei Weg zum »Ding an sich« (hier S. 13), das Nietzsche als eine von der Erkenntnis unabhängige und darin zugleich unzugängliche Entität begreift. Im Sinne dieses Perspektivismus, der für Nietzsches Erkenntnistheorie insgesamt kennzeichnend ist,[32] sage der Satz »der Stein ist hart« (hier S. 13) nichts über den Stein selbst aus, sondern lediglich über eine »ganz subjektive Reizung«, die rein willkürlich auf einen Begriff (»hart«) gebracht werde; dieser Begriff werde sodann auf einen Gegenstand übertragen, der seinerseits eine fragwürdige Bezeichnung (»Stein«) erhalte. Für Nietzsche stellt diese Art der Versprachlichung eine regelrechte Anmaßung dar, die zugleich eine folgenreiche Irreführung der Menschen bewirke:

> »Wir glauben etwas von den Dingen selbst zu wissen, wenn wir von Bäumen, Farben, Schnee und Blumen re-

31 Vgl. in diesem Sinne Hermogenes' Worte gleich zu Beginn des Dialogs: »Sokrates, Kratylos behauptet, es gäbe für jedes Ding einen ihm von Natur zukommenden richtigen Namen […]« (Platon, *Kratylos*, Griechisch/Deutsch, hrsg., übers., komm. und mit einem Nachwort versehen von Gernot Krapinger, Stuttgart 2014, S. 7).

32 Überblickshaft resümiert dieses Konzept Claus Zittel, [Art.] »Perspektivismus«, in: *Nietzsche-Hb.*, S. 299 ff.

den und besitzen doch nichts als Metaphern der Dinge, die den ursprünglichen Wesenheiten ganz und gar nicht entsprechen.« (hier S. 14)

Im Nachvollzug dieser Argumentation drängt sich eine weiterführende Frage nun geradezu auf: Wie nämlich wird aus der »subjektive[n] Reizung«, die jene doppelte Metaphorisierung allererst in Gang setzt, ein kollektiv verbindliches, von der Sprachgemeinschaft als ›wahr‹ angenommenes Wissen?

Nietzsches Antwort fußt auf einer anthropologischen Letztbegründung: Weil der Mensch »zugleich aus Noth und Langeweile gesellschaftlich und heerdenweise existieren will«, bedürfe es eines »Friedenschluss[es]«, der das »allergröbste bellum omnium contra omnes« (hier S. 11) verhindere. Ebendiese sozialisierende Vermittlung zwischen dem Gesellschaftstrieb des Menschen einerseits und dem Hobbesianischen Naturzustand andererseits wird für Nietzsche durch die Erfindung einer »gleichmässig gültige[n] und verbindliche[n] Bezeichnung der Dinge« (hier S. 12) gewährleistet. Es wird somit das definiert, »was von nun an ›Wahrheit‹ sein soll«, denn »die Gesetzgebung der Sprache« bewirke auch »die ersten Gesetze der Wahrheit« und, damit einhergehend, den »Contrast von Wahrheit und Lüge«, verstanden als Bestätigung oder aber Missbrauch der »festen« sprachlichen »Conventionen« (ebd.). Aus der »subjektive[n] Reizung« wird also erst ein »Bild«, sodann ein »Laut« – und schließlich eine »verbindliche Bezeichnung« (ebd.), die gemeinschaftlich als »Wahrheit« anerkannt wird und dadurch den ›Krieg aller gegen alle‹ nachhaltig zu schlichten vermag. Oder noch anders: Erst durch die gemeinschaftsstiftende Sprache wird aus dem kriegerischen Ego ein friedenswilliges, gesellschaftsfähiges Subjekt.

Dies allerdings setzt ein klares Machtpotenzial der Sprache voraus, was im Begriff der »Gesetzgebung« deutlich anklingt:

> »Wenn die Benutzung einer gemeinsamen Sprache darauf beruht, sich dem konventionalisierten und damit auch normierenden Sprachgebrauch zu unterwerfen, so unterwirft sich der Schwächere hierbei dem Stärkeren, der die Worte zuallererst setzt bzw. gesetzt hat.«[33]

So wie der Mensch durch die Sprache die Dinge (an sich) in Besitz nimmt und dadurch vereinnahmt, indem er ihnen nur vermeintlich objektive Eigenschaften und Bezeichnungen zuweist, genauso »unterwirft« die »Sprache der Herrschenden« den »Hörend-Sprechenden«, denn er »hat sich der ›ursprünglichen‹ Bezeichnung der Dinge anzuschließen«[34] – oder aber er riskiert gesellschaftliche Ächtung: Dem Lügner, der »Unwirkliche[s] als wirklich« erscheinen lässt, so warnt der Philosoph, wird »die Gesellschaft nicht mehr trauen und ihn dadurch von sich ausschliessen« (hier S. 12).

Der Ausschluss des Einen bietet für den Anderen die Möglichkeit zur Selbstprofilierung: Für Nietzsche repräsentiert derjenige, der sich ganz in den Dienst der sprachgebundenen Wahrheit stellt, »das Ehrwürdige, Zutrauliche und Nützliche« der Gesellschaft, und zwar »aus dem Ge-

33 Langer (s. Anm. 24) S. 56 f.
34 Ebd., S. 56.

gensatz des Lügners, dem Niemand traut« (hier S. 16). Die Einführung der sprachlich bedingten Unterscheidung von »Wahrheit« und »Lüge« ist somit nicht allein als notwendiger »Friedensschluss« (hier S. 11) zu verstehen, sondern zugleich als dynamisierende Kraft in einem sehr ernsten »Würfelspiel[ ]« (hier S. 17): Es geht um nichts Geringeres als die Bestimmung ›des Guten‹ und ›des Bösen‹.

II. Bewertung. Den Begriff der »Wahrheit« setzt Nietzsche in seiner Abhandlung mehrfach in Anführungsstriche und markiert dadurch ihren zweifelhaften Status als sprachliche Erfindung. In der wohl berühmtesten Passage des Essays heißt es in Anverwandlung der pilatischen Frage an Jesus Christus:

> »Was ist also Wahrheit? Ein bewegliches Heer von Metaphern, Metonymien, Anthropomorphismen kurz eine Summe von menschlichen Relationen, die, poetisch und rhetorisch gesteigert, übertragen, geschmückt wurden, und die nach langem Gebrauche einem Volke fest, canonisch und verbindlich dünken: die Wahrheiten sind Illusionen, von denen man vergessen hat, dass sie welche sind [...].« (hier S. 15 f.)

Wichtig sind hier vor allem zwei Begriffe: die Rede von der »Illusion« und das Verbum »dünken«. Denn mit ihnen überschreitet Nietzsche die Grenze vom Feld der Beschreibung zum Bereich der Bewertung, indem er die menschliche Erkenntnis geradezu der Falschheit oder Lügenhaftigkeit bezichtigt, weil sie die metaphorische Verfasstheit der Sprache und mithin den Illusionsgehalt der Wahrheit vergessen, vielleicht auch (zugunsten ihrer eben beschriebenen Sozialisierungsfunktion) verdrängt hat. Für Nietzsche gerät das menschliche Dasein dadurch in einen Zustand des bloßen Scheins; die Menschen seien

> »tief eingetaucht in Illusionen und Traumbilder, ihr Auge gleitet nur auf der Oberfläche der Dinge herum und sieht ›Formen‹, ihre Empfindung führt nirgends in die Wahrheit, sondern begnügt sich Reize zu empfangen und gleichsam ein tastendes Spiel auf dem Rücken der Dinge zu spielen.« (hier S. 10)

Dieser Satz ist nicht zuletzt hinsichtlich seiner ausdrucksvollen Wortwahl von Interesse: ›Formen‹, ›tastendes Spiel auf dem Rücken‹, ›Reize‹ – dieses Motiv- und Bildgeflecht findet erstaunlich genaue Entsprechungen in Johann Wolfgang Goethes (1749–1832) fünfter *Römischer Elegie* (1795) und lässt sich im Abgleich weiter erhellen:

> »Aber die Nächte hindurch hält Amor mich anders beschäftigt,
> Werd ich auch halb nur gelehrt, bin ich doch doppelt vergnügt.
> Und belehr ich mich nicht? wenn ich des lieblichen Busens
> *Formen* spähe, die Hand leite die Hüften hinab.
> Dann versteh ich erst recht den Marmor, ich denk' und vergleiche,
> *Sehe mit fühlendem Aug', fühle mit sehender Hand.*
> [...]
> Oftmals hab' ich auch schon in ihren Armen gedichtet

Und des Hexameters Maas, leise, mit fingernder Hand,
Ihr *auf den Rücken* gezählt [...].«[35]

Die Nähe der *Römischen Elegie* Goethes zu Nietzsches Abhandlung liegt auf der Hand: Ähnlich wie Goethes lyrisches Ich auf dem »Rücken« der Geliebten seine Verse dichtet, ihre »Formen« erspäht, mit seinen Augen ›fühlt‹ und mit seiner Hand ›sieht‹, so »gleitet« bei Nietzsche das sinnlich wahrnehmende Auge der Menschen über die »Formen« der Welt und erdichtet sich im »tastende[n] Spiel auf dem Rücken der Dinge« seine »Wahrheit«.

Trotz seiner negativen, ja bisweilen polemischen Äußerungen zum ›Metaphern-Trieb‹ der Menschen ringt ihm gerade dieses Verhalten eine nicht geringe Bewunderung ab: »[A]ls ein gewaltiges Baugenie, dem [...] das Aufthürmen eines unendlich complicirten Begriffsdomes gelingt« (hier S. 18), sei der Mensch »sehr zu bewundern« – wäre da nur nicht sein damit einhergehender »Trieb[ ] zur Wahrheit, zum reinen Erkennen der Dinge« (hier S. 18), der ihn heillos in »Illusionen« und »Traumbilder« (hier S. 10) verstricke. Tatsächlich ist der Mensch für Nietzsche – man denke hier an die erwähnte Goethe-Allusion – ein »künstlerisch schaffendes Subjekt« (hier S. 19). Diesen Wesenszug aber habe er vergessen, ja vergessen *müssen*, um »mit einiger Ruhe, Sicherheit und Consequenz« (ebd.) leben zu können. Denn sähe der Mensch wahrhaftig ein, dass es zwischen der bezeichneten Welt und ihm, dem bezeichnenden Menschen, »keine Causalität, keine Richtigkeit, keinen

35 Johann Wolfgang Goethe, *Gedichte. Studienausgabe*, hrsg. von Bernd Witte, Stuttgart 2008, S. 158 f.; Herv. K. S.

Ausdruck« (hier S. 20) gibt – wie sollte mit dieser grunderschütternden Erkenntnis überhaupt umzugehen sein?

Mit dem »Selbstbewusstsein« (hier S. 19) des abendländischen Subjekts – und diesen großen Begriff setzt Nietzsche wiederum in relativierende Anführungsstriche – wäre es endgültig vorbei, und zwar aus zweierlei Gründen: Der Mensch hätte erstens hinzunehmen, dass ein »Vogel« oder ein »Insekt« (ebd.) die Welt nicht weniger ›richtig‹ wahrnimmt als er selbst, sondern eben nur anders; der menschliche Modus der Weltwahrnehmung könnte fürderhin nicht länger als »Maassstab[] der richtigen Perception« (ebd.) gelten. Und zweitens hätte sich der Mensch einzugestehen, dass zwischen ihm und der zu bezeichnenden Welt nur ein »ästhetisches Verhalten« möglich ist, nur eine »andeutende Übertragung, eine nachstammelnde Übersetzung in eine ganz fremde Sprache« (hier S. 20).

Angesichts dieser sehr weitreichenden Konsequenzen scheint es nur verständlich, dass der Mensch an seinem »starre[n] und regelmässige[n] Begriffsgespinst« (hier S. 24) festhält, denn mit seinem Zerfall ginge der Zerfall seines gesamten Welt- und Selbstbildes einher. Oder mit einer Formulierung Nietzsches aus der Schrift *Über das Pathos der Wahrheit* von 1872 gesprochen: »[D]ie Wahrheit würde ihn zur Verzweiflung und zur Vernichtung treiben« (hier S. 36).

Trotz dieser pessimistischen Bewertung des verzagten ›Herden-Tiers‹ in seinem unbedingten Streben nach Beständigkeit: Nietzsche denkt durchaus so etwas wie einen Freiraum, in den der Mensch aus der selbsterschaffenen »Zwingburg« der Begriffe zeitweise auszubrechen vermag: »im Mythus und überhaupt in der Kunst« (hier S. 23).

III. Befreiung. Was sind die Saturnalien? Es handelt sich um die römischen Festtage zu Ehren des Gottes Saturn, die über mehrere Tage nach dem 17. Dezember (der letzten Aussaat) begangen wurden. Während dieser Zeit wurden die Standesunterschiede zeitweise aufgehoben; dies bedeutete auch die zeitlich befristete Gleichstellung der Sklaven, was mitunter in eine karnevalistische Vertauschung der Rollen mündete.

Nietzsche spielt in seinem Essay auf dieses Fest ausdrücklich an, um das Unterwerfungsverhältnis von Herr und Sklave auf die machtstrukturierte Beziehung der Sprache und des Individuums zu übertragen:

> »Der Intellekt, jener Meister der Verstellung, ist so lange frei, und seinem sonstigen Sklavendienste enthoben, als er täuschen kann, ohne zu s c h a d e n und feiert dann seine Saturnalien; nie ist er üppiger, reicher, stolzer, gewandter und verwegener. Mit schöpferischem Behagen wirft er die Metaphern durcheinander und verrückt die Gränzsteine der Abstraktion [...]. Jetzt hat er das Zeichen der Dienstbarkeit von sich geworfen: sonst mit trübsinniger Geschäftigkeit bemüht, einem armen Individuum, dem es nach Dasein gelüstet, den Weg und die Werkzeuge zu zeigen und wie ein Diener für seinen Herrn auf Raub und Beute ausziehend ist er jetzt zum Herrn geworden und darf den Ausdruck der Bedürftigkeit aus seinen Mienen wegwischen. [...] Jenes ungeheure Gebälk und Bretterwerk der Begriffe, an das sich klammernd der bedürftige Mensch sich durch das Leben rettet, ist dem freigewordenen Intellekt nur ein Gerüst und ein Spielzeug für seine verwegensten Kunststücke: und wenn er es zer-

> schlägt, durcheinanderwirft, ironisch wieder zusammensetzt, das Fremdeste paarend und das Nächste trennend, so offenbart er, dass er jene Nothbehelfe der Bedürftigkeit nicht braucht, und dass er jetzt nicht von Begriffen sondern von Intuitionen geleitet wird.« (hier S. 25 f.)

Wie der Sklave im Rahmen der römischen Saturnalien, so bewegt sich der Mensch in »seine[n] verwegensten Kunststücke[n]« kurzzeitig aus dem Zustand der sprachbedingten Unterdrückung heraus; er wird selbst zum »Herr[n]« der Sprache, indem er die gegebenen Verhältnisse fröhlich umkehrt, ja sie regelrecht zum Tanzen bringt (»durcheinanderwirft, ironisch wieder zusammensetzt, das Fremdeste paarend und das Nächste trennend«). Die Herrschaft über das Individuum haben nun nicht mehr die »Begriffe«, die ihm durch »Gesetzgebung« vorgeschrieben sind; stattdessen tritt er in die Sphäre der »Intuitionen« ein, die sich der Sprache ihrerseits bemächtigen.

Mit dem (Gegen-)Begriff der »Intuitionen« ist ein Schlüsselwort der Abhandlung genannt; mit ihm verbindet Nietzsche den Zustand eines gänzlich anderen Seins, das er »im älteren Griechenland« verwirklich sieht, wo der »intuitive Mensch« ebenso stark wie der »vernünftige« gewesen sei: Dadurch habe sich nicht nur eine unvergleichlich reiche Kultur entfalten können, sondern das Leben konnte auch mannigfaltiger und stärker erfahren werden – als »eine fortwährend einströmende Erhellung, Aufheiterung, Erlösung« (hier S. 27).

Die eingangs angesprochenen Sprachbewegungen des Essays – also das spiralförmige Argumentieren, der Hang zum Erzählerischen, die Tendenz zu Metaphern, Vergleichen, Allegorien – erweisen sich vor diesem Hintergrund als zeichenhaft: Durch die gewählten Darstellungsverfahren löst Nietzsche seinen Text aus den terminologischen, argumentativen, rhetorischen Konventionen einer akademischen, das heißt auf Explizitheit und Systematizität verpflichteten Philosophie. Und daraus wiederum folgt: Mit seiner Schrift will Nietzsche selbst ein Vorbild für jenen »freigewordenen Intellekt« geben, der das »ungeheure Gebälk und Bretterwerk« der (ihm) gesetzmäßig vorgeschriebenen Sprache zu durchbrechen und zu zerschlagen sucht, oder stärker noch: Er scheint seinen Essay selbst als ein »Kunststück[ ]« zu begreifen, *durch das* und *in dem* er die »Zeichen der Dienstbarkeit« (hier S. 25) entschieden von sich wirft.

Aber kann dieses Vorhaben gelingen? Wie sollte der von Nietzsche aufgestellte universelle Befund, dass alle Sprache metaphorischer Art ist, überhaupt hintergehbar sein, zumal im Medium eben jener Sprache, und sei es im Modus ihrer weitgehend ungebundenen, frei bewegten Verwendung? In diesem erstaunlich naheliegenden Punkt erweist sich *Über Wahrheit und Lüge* als gedanklich inkonsequent. Helmuth Kiesel hat diesen unlösbaren Widerspruch, diese vielerorts diskutierte Aporie, in die sich Nietzsches Argumentation verstrickt, auf den Punkt gebracht: »Wenn [der] Perspektivismus und [die] Metaphorik [der menschlichen Erkenntnis] unhintergehbar sind, ist es nicht möglich, diese im Namen einer absoluten Wahrheit oder im Namen der Dinge selbst der Unrichtigkeit zu bezichtigen.«[36]

36 Helmuth Kiesel, *Geschichte der literarischen Moderne. Sprache, Ästhetik, Dichtung im 20. Jahrhundert*, München 2004, S. 185.

An dieser Stelle bricht sich Nietzsches Versuch, den Illusionsgehalt der Sprache und mithin der Erkenntnis im Allgemeinen bloßzulegen. Ebendies gibt Anlass zu jenen eingangs angesprochenen Spekulationen: Geht man davon aus, dass Nietzsche die recht ersichtliche Problemstelle seiner Argumentation selbst wahrgenommen hat – könnte dies nicht die Frage beantworten, warum er seinen Essay zeitlebens nicht selbst zum Druck befördern wollte? Dass er sich der Unstimmigkeit seiner Unterscheidung von »Wahrheit« und »Lüge« zumindest mit zeitlichem Abstand bewusst geworden ist, zeigt sich in der 1888 entstandenen Schrift *Wie die »wahre Welt« endlich zur Fabel wurde*, die sich als eine Nachschrift zu *Über Wahrheit und Lüge* lesen lässt. Dort hält er in den zwei letzten von insgesamt sechs nummerierten Argumentationsschritten fest:

> »5. Die ›wahre Welt‹ – eine Idee, die zu Nichts mehr nütz ist, nicht einmal mehr verpflichtend, – eine unnütz, eine überflüssig gewordene Idee, folglich eine widerlegte Idee: schaffen wir sie ab! […]
> 6. Die wahre Welt haben wir abgeschafft: welche Welt blieb übrig? die scheinbare vielleicht? … Aber nein! mit der wahren Welt haben wir auch die scheinbare abgeschafft!« (hier S. 43)

Der Widerspruch, im Namen einer absoluten Wahrheit die universelle Lügenhaftigkeit der Sprache und der Erkenntnis offenlegen zu wollen, der für den frühen Nietzsche noch unauflöslich erschien, wird in dieser Schrift insofern einer Neubewertung unterzogen, als die Unterscheidung von »Wahrheit« und »Lüge« selbst aufgegeben wird. Und damit lässt sich zwangsläufig auch der Wahrheitsanspruch der philosophischen Rede nicht länger aufrechterhalten. Dass »hier Schein und Irrlicht und Geistertanz und nichts Mehr ist – dass unter allen diesen Träumenden auch ich, der ›Erkennende‹, meinen Tanz tanze«,[37] schreibt Nietzsche im ersten Buch der *Fröhlichen Wissenschaft*. Aus dieser folgenschweren Einsicht aber ergibt sich eine neue Herausforderung: Denn wie lassen sich überhaupt Aussagen über eine Welt jenseits von »Wahrheit« und »Lüge« treffen, ohne erneut in die Rhetorik einer trügerischen Vernunft zu verfallen?

Nietzsches Sprachverwendung läuft in den Schriften seiner mittleren und späten Schaffensphase auf eine semantische Entleerung und Zersetzung, kurz: auf eine »Umcodierung«[38] der Sprache hinaus. Dies zeigt sich in der oben zitierten Nachschrift; in ihr folgen auf den letzten syntaktisch korrekten Satz (»mit der wahren Welt haben wir auch die scheinbare abgeschafft!«) lediglich isolierte Satzfetzen und parataktische Wortreihen, die sich kaum noch zu einem klaren und vollständigen Aussagesatz zusammensetzen: »Mittag; Augenblick des kürzesten Schattens; Ende des längsten Irrthums; Höhepunkt der Menschheit; INCIPIT ZARATHUSTRA« (hier S. 43). Es handelt sich um den Versuch, eine Sprache ohne falschen Wahrheitsanspruch zu erfinden – in letzter Konsequenz ein poetisches Unterfangen.

37 FW, KSA 2, S. 417.
38 Langer (s. Anm. 24) S. 64.

Nietzsches Schrift *Über Wahrheit und Lüge*, ihre Wahrnehmung und Wirkung, wird in erster Linie mit zwei literatur- und ideengeschichtlichen Strömungen in Verbindung gebracht: mit der sogenannten Sprachkrise im Kontext der literarischen Moderne einerseits sowie mit poststrukturalistischen Ansätzen der zweiten Hälfte des 20. Jahrhunderts andererseits.

Das bereits angesprochene Problem der Adäquation – der Frage also, ob es »zwischen der wahrnehmbaren Welt, dem erkennenden menschlichen Geist und der darstellenden Sprache eine sachlogische Übereinstimmung«[39] gibt – treibt in der Jahrhundertwende-Zeit nicht allein Nietzsche um. Im Gegenteil: Die sich bereits gegen Ende des 18. Jahrhunderts u. a. bei Wilhelm von Humboldt, Schiller, Lichtenberg und Novalis vorbereitende Kritik am Repräsentations- und Reflexionspotenzial der Sprache gehört zu den zentralen Paradigmen der Moderne und ihrer Literatur:[40] Ob Rainer Maria Rilkes *Aufzeichnungen des Malte Laurids Brigge* (1900), Carl Einsteins *Bebuquin oder die Dilettanten des Wunders* (1912) oder Gottfried Benns sogenannte *Rönne-Novellen* (ab 1915) – ohne Berücksichtigung der zeitgenössischen Sprachskepsis lassen sich diese Schlüsselwerke

39 Kiesel (s. Anm. 36) S. 177. Vgl. weiterführend den konzisen Überblick von Lutz Danneberg, »Sprachphilosophie in der Literatur«, in: *Sprachphilosophie / Philosophy of Language / La philosophie du langage. Ein internationales Handbuch zur zeitgenössischen Forschung*, hrsg. von Marcello Dascalm [u. a.], Berlin / New York 1996, 2. Halbbd., S. 1538–1566.

40 Kiesel (s. Anm. 36) S. 177–183.

der literarischen Moderne nicht angemessen verstehen, oder genauer noch: Der sprachexperimentelle Anspruch dieser Werke resultiert geradezu aus der kritischen Reflexion über die Bedeutung der Sprache »für die Erkenntnis und Darstellung der Welt wie für die Erfahrung und Aussprache des je eigenen Ichs«.[41]

Ausgerechnet Nietzsches *Über Wahrheit und Lüge* fand unter den Zeitgenossen allerdings nur wenig Beachtung; nicht einmal diejenigen Autoren und Philosophen, die sich ihrerseits mit dem Problem der Sprachkritik auseinandergesetzt haben und dabei in Teilen zu erstaunlich ähnlichen Befunden gekommen sind, scheinen den Essay wahrgenommen zu haben. Fritz Mauthner (1849–1923) etwa, dessen *Beiträge zu einer Kritik der Sprache* (1901/02) zahlreiche Autoren um 1900 nachhaltig anregten, schrieb seine Studien vermutlich ohne Kenntnis der Abhandlung Nietzsches (und dies, obwohl er sich ansonsten eingehend mit dessen Gesamtwerk auseinandergesetzt hat).[42] Und ob Hugo von Hofmannsthal (1874–1929) seinen berühmten *Brief* des Lord Chandos (1902), der lange Zeit als das früheste und wichtigste Dokument der modernen Sprachkrise angesehen wurde, tatsächlich im Anschluss an Nietzsches Überlegungen entwarf, ist in der Forschung zumindest umstritten.[43]

41 Ebd., S. 177.

42 Zur Konstellation Nietzsche–Mauthner vgl. eingehender Elizabeth Bredeck, »Fritz Mauthners Nachlese zu Nietzsches Sprachkritik«, in: *Nietzsche-Studien* 13 (1984) S. 587–599.

43 Vgl. Mario Zanucchi, »Nietzsches Abhandlung *Ueber Wahrheit und Lüge im aussermoralischen Sinne* als Quelle von Hofmannsthals *Ein Brief*«, in: *Jahrbuch der deutschen Schillergesellschaft* 54

Vor diesem Hintergrund lässt sich *Über Wahrheit und Lüge* zwar mit Recht als eine erste bedeutende und zugleich höchst aufschlussreiche Manifestation der Sprachkrise um 1900 begreifen. Die immer wieder aufgestellte Behauptung einer unmittelbaren und durchschlagenden »Wirkung«[44] bedarf allerdings der Relativierung. Vielmehr liegt es nahe, von einer zunächst verzögerten, dann aber durchaus breiten Rezeption des Essays auszugehen. Dies deutet sich exemplarisch bei Bertolt Brecht (1898–1956) an, dessen ab 1920 artikulierte Sprachkritik unverkennbar in der Tradition Nietzsches steht – sowohl in ihren Thesen als auch in ihrem Duktus.[45]

Aber nicht allein in poetischen und poetologischen, sondern auch in genuin philosophischen Zusammenhängen erfuhr Nietzsches Werk lebendige Aufmerksamkeit, namentlich bei den poststrukturalistischen Philosophen in Frankreich, bei Jacques Derrida (1930–2004), Gilles Deleuze (1925–1995), Michel Foucault (1926–1984), Roland Barthes (1915–1980) und einigen anderen. Nietzsches kritische Sprachphilosophie im engeren Sinne fand dabei vordringlich im Kontext der Metaphern-Theorie Derridas (z. B. in *La mythologie blanche*, 1971) und bei seiner Schülerin Sarah Kofman (1934–1994) Beachtung, wobei letztere auch das

(2010) S. 264–290, zur kritischen Diskussion der unterschiedlichen Positionen vgl. S. 256 f.

44 Hans-Gerd von Seggern, [Art.] »WL: Über Wahrheit und Lüge im aussermoralischen Sinne«, in: *Nietzsche-Lexikon*, hrsg. von Christian Niemeyer, 2., durchges. und erw. Auflage, Darmstadt 2011, S. 426.

45 Vgl. Hans-Harald Müller / Tom Kindt, *Brechts frühe Lyrik. Brecht, die Natur und die Liebe*, München 2002, S. 14–19.

zuvor eher vernachlässigte Frühwerk – und mit ihm *Über Wahrheit und Lüge* – in den Blick genommen hat (so in ihrer breit rezipierten Schrift *Nietzsche et la métaphore*, 1972).[46] Ähnlich gilt dies für den Dekonstruktivismus des amerikanischen Literaturtheoretikers und Philosophen Paul de Man (1919–1983), der in seinen *Allegories of Reading* (1979) ausdrücklich auf Nietzsches Abhandlung Bezug nimmt.

Roland Barthes nimmt im Kontext der poststrukturalistischen Nietzsche-Rezeption eine ebenso beispielhafte wie herausragende Stellung ein: Seine Sprachkritik ist im Ganzen stark von Nietzsche geprägt, ja geradezu aus ihr hergeleitet,[47] was sich nicht zuletzt darin andeutet, dass er *Über Wahrheit und Lüge* gleich mehrfach in seinem Werk zitiert – beispielhaft in *Le plaisir du texte* (1973).[48] Die wesentlichen Gemeinsamkeiten lassen sich folgendermaßen resümieren: Nietzsche und Barthes behaupten »beide die grundsätzlich sprachliche Verfasstheit von Welt, gehen davon aus, dass die allen gemeinsame ›herdenhafte‹ Sprache normierend wirkt bzw. zu Stereotypen verleitet, und kritisieren, dass Sprache ein Instrument der Gewaltausübung darstellt«.[49]

46 Vgl. zur Rezeption Nietzsches in diesem Kontext Alfons Reckermann, *Lesarten der Philosophie Nietzsches. Ihre Rezeption und Diskussion in Frankreich, Italien und der angelsächsischen Welt 1960–2000*, Berlin / New York 2003, S. 1–98, hierzu konkret S. 43 und S. 50 f.

47 Dies hat Langer in ihrer vergleichenden Studie (s. Anm. 24) gezeigt.

48 Roland Barthes, *Die Lust am Text*, aus dem Französischen von Traugott König, Frankfurt a. M. 1974, insb.: S. 44 und S. 64.

49 Langer (s. Anm. 24) S. 312.

Die allgemeine Sprachkritik der beiden Philosophen schlägt sich dabei gleichermaßen in ihren Schreibverfahren nieder, wenngleich deren Ausrichtungen sich im Detail unterscheiden: Während Nietzsche durch sein zunächst intuitives, später dekonstruktives Schreiben die Möglichkeiten einer Sprachkritik auszuloten versucht, die zwangsläufig selbst an das Medium der Sprache gebunden ist, hat Barthes die Utopie einer *écriture* als einer vollkommen freien Sprache im Blick, »die sich den gewaltsamen Fest-Stellungen und Unterwerfungen, die mit Sprache vorgenommen werden [...], zu entziehen sucht«.[50] Damit zeigt sich in Barthes' intellektueller und poetischer Anverwandlung der Sprachphilosophie Nietzsches ein Grundprinzip der poststrukturalistischen Nietzsche-Rezeption im Ganzen – als Fortschreibung und Zuspitzung in einem.

50 Ebd., S. 315.